Christian Mégrelis

Le naufrage de l'Union soviétique :

choses vues

À Elle, ce livre dont l'écriture
a accompagné notre souffrance.

Du même auteur

Danger : protectionnisme (Calmann-Lévy) – France, 1978
Keys for the future (Lexington Books) – États-Unis ,1981
Au tournant du siècle (Richard de Bas), poèmes – France, 2008
Glossary of Hope (Amazon) – États-Unis, 2013
Chroniques éclectiques (Transcontinentale d'Éditions) – France, 2016
Tête au vent (Transcontinentale d'Éditions), poèmes – France, 2017
Lexique de l'espérance (Transcontinentale d'Éditions) – France, 2017

Groupe Exa International
32, avenue Salvador Allende
93800 Épinay/Seine

ISBN : 9782955622032

SOMMAIRE

Préface

En 1987, le Festival de Glyndebourne présentait la première d'un opéra de Nigel Osborne : *L'Électrification de l'Union soviétique*. L'œuvre évoquait les souvenirs de jeunesse de Boris Pasternak au pays des Soviets. Le futur prix Nobel de littérature, qui fut contraint de le refuser en 1958 tant sa prose déplaisait à la nomenklatura, y revivait son initiation au communisme stalinien dont la grande idée, dans les années 1930, se résumait dans le slogan : « Le communisme, c'est les Soviets plus l'électricité. » Le monde de la gauche européenne rivalisait d'éloges pour un dirigeant capable d'« offrir » l'électricité aux villages les plus reculés de l'Empire. Le miracle était évidemment attribué à la vertu de la collectivisation et de l'appropriation par l'État de tous les moyens de production et permettait d'envisager le succès de la Révolution mondiale que les prolétaires de tous les pays appelaient de leurs vœux. Inutile de dire que le regard de Boris Pasternak sur toute cette logomachie était légèrement distancié. Il était passé à travers ce moulin à broyer les individus pour en faire les perroquets du pouvoir, un pouvoir personnalisé, comme au temps du tsar, par un seul homme, un homme seul. Et Pasternak avait résisté au formatage, au grand dam de la nomenklatura qui le combattit jusqu'à sa mort. Bien plus tard, il fut réhabilité par Mikhaïl Gorbatchev qui voyait en lui l'un des premiers membres de l'intelligentsia à avoir osé dire qu'un chat était un chat, que l'URSS s'était élevée sur les ruines de la liberté et, en particulier, que l'électrification avait été l'œuvre de millions d'esclaves affublés du nom d'« ennemis du peuple » pour justifier leur servage. Ces blasphèmes furent reconnus par la même nomenklatura qui en rejeta la responsabilité sur le Petit Père des peuples.

Nous étions à deux ans de la chute du mur de Berlin. L'URSS, en faillite, vendait les derniers roubles or aux armes du tsar, qui traînaient encore au fond des coffres de la Gosbank – la Banque d'État. Le Goulag s'était ouvert et la main-d'œuvre servile avait fondu, à tel point que, faute d'entretien, le pays se transformait en cour des miracles. Plus de grands travaux : le temps du barrage de Bratsk était bien terminé avec ses 100 000 *zeks* (prisonniers du Goulag) gratuits et ses 10 000 morts. Le doublement du Transsibérien entre 1972 et 1984 ruina l'URSS, car il fallut payer les ouvriers. Tchernobyl en 1986 ôta aux apparatchiks le peu de respect qui subsistait pour la technologie soviétique après l'échec de la fusée lunaire le 3 juillet 1969.

Tout, en Russie, donne le vertige. Qu'une nation puisse exister à travers neuf fuseaux horaires, des steppes, des fleuves larges comme des bras de mer, un permafrost sur plus de la moitié de son territoire et une population si clairsemée que les grandes villes sont séparées par des milliers de kilomètres, cela dépasse l'imagination. Vue du ciel, à travers le hublot d'un avion survolant la Sibérie, la Russie est un désert vert en été et blanc en hiver. J'ai compris, au cours de dizaines de traversées de ce pays, à quel point la géographie structure les peuples, les institutions et, bien sûr, les mentalités. Avec une patrie pareille, le Russe ne peut ressembler ni à ses voisins de l'Ouest ni à ceux de l'Est. D'un côté, de petits pays, de l'autre, des empires, tous bourrés d'habitants. Comment imaginer, entre eux, cet océan de terres émergées, plat pour l'essentiel, mais avec des barrières internes presque infranchissables, fleuves et Oural, frontière mythique entre deux continents. Quelques îles habitées au milieu d'immensités désertes qui se sont construites contre les hordes nomades déferlant de l'Est pendant des siècles sans autres buts que de piller tout ce qu'elles trouvaient sur leur chemin. Comment établir une nation sur de pareilles bases ? Si les Russes avaient été des Européens comme les autres, ils se seraient enfuis de ces déserts glacés pour venir se réchauffer aux foyers des Goths, des Germains ou des Gaulois. Mais ils y sont restés, comme s'ils avaient absorbé les barbares de l'Est, Mongols, Huns et Turkomans, et du Nord, Varègues, les façonnant et les homogénéisant juste assez pour en faire un peuple à forte identité, suffisamment patriote et courageux pour vaincre, quelques siècles plus tard, toutes les invasions de l'Ouest, Suédois, Français et Allemands. Les Russes modernes sont les héritiers de ces forces gigantesques qui ont profondément marqué leur culture, que l'autocratie des tsars a baptisée « slave », mais qui n'a que de lointains rapports avec celle des ancêtres qui étaient venus se briser sur les armées romaines. La Horde d'or qui les soumit pendant trois cents ans instaura un régime de razzias permanentes, dégénéra en génocide, la moitié de la population russe de souche disparaissant sous le coup des massacres et des famines. La situation ne commença à se rétablir que sous le règne de Vassili III, grand-duc de Moscovie et de son successeur, Ivan IV le Redoutable, créateur de la Russie au XVIe siècle à l'issue de guerres contre les hordes mongoles et les Tatars musulmans qui occupèrent la moitié de son règne et qui ne se terminèrent que bien plus tard, au XVIIIe siècle sous la Grande Catherine, tsarine allemande, qui lancera la Renaissance en Russie.

Ainsi le Moyen Âge a commencé en Russie au moment où la Renaissance perçait en Europe. Ce grand décalage a marqué les mentalités jusqu'à aujourd'hui, et continuera à les distinguer du reste de l'Eurasie pendant encore un siècle, pour le moins.

En même temps, le grand brassage des ADN continue. Tous les conquérants qui ont traversé la Russie y ont laissé des descendants. En Europe, nous sommes un mélange de Goths, de Germains saupoudrés de Celtes, qui s'est stabilisé, les siècles passant. Les Russes sont beaucoup plus éclectiques, et leur métissage continue aujourd'hui, à l'intérieur des frontières. Chaque grande famille a apporté ses qualités et ses défauts. Les Nordiques, l'esprit d'aventure, les Allemands, l'esprit romain de l'ordre, les Slaves, le rêve et l'amour du sol, les Tatars, le grand vent d'Est du nomadisme et de la précarité, les Byzantins, le césaropapisme qui donna à la religion un droit de regard sur l'État tout en favorisant les tendances autocratiques. Paradoxalement, la géographie a fait de la Russie une

« *prison des peuples* », avec pour seules frontières des horizons infinis et déserts. Pas le choix : il a fallu que ces peuples aiment cette étrange patrie, et c'est, à la fin, devenu leur principale religion. L'individualisme n'a jamais existé. Seule la patrie, incarnée par l'autocrate qui réduisait tout son peuple à l'égalité sous son joug, méritait des sacrifices. La religion importait peu, pourvu qu'elle soit aux ordres, le patriotisme rassemblant chrétiens, musulmans et juifs. Les Cosaques, qui ont été jusqu'au bout les plus ardents défenseurs du tsar, étaient des chrétiens et des juifs d'origine musulmane qui ont combattu sans relâche les Tatars de la mer Noire et du Caucase avant de se voir confier la surveillance des confins de l'Empire. Contrairement aux « conquistadores » britanniques et espagnols, les conquérants de l'espace russe depuis la Baltique jusqu'à la Californie ne se considéraient pas comme investis d'une mission civilisatrice quelconque, mais du devoir de gagner de nouvelles terres au tsar. Les distances semblaient n'avoir aucune prise sur eux et ils ne furent arrêtés dans leur soif de terres et de fourrures que par les Espagnols de Californie... Courage aussi surhumain que celui des conquérants portugais du Pacifique à la recherche des épices !

Le grand drame et le plus grand atout de la Russie, c'est d'avoir à gérer les plus longues frontières de la planète. Peu d'accès à ces fameuses « mers chaudes ». Des verrous sur chacune de ses façades maritimes : le Bosphore, le détroit du Danemark, l'archipel japonais, la ligne Norvège-Islande-Groenland. D'immenses frontières « inutiles » au milieu des déserts d'Asie centrale. Un Caucase infranchissable. Le monde est loin. Les conquérants occidentaux habitués aux petites distances en ont tiré d'amères leçons et ont détalé, alors que les conquérants orientaux s'y sont trouvés à l'aise, comme chez eux, et y sont restés. C'est une de ces clés que recherchait Churchill quand il décrivait l'Union soviétique comme « *a riddle wrapped in a mystery inside an enigma* » – une devinette enveloppée de mystère à l'intérieur d'une énigme. Loin de tout, il ne reste au Russe du Moyen Âge que son village, sa terre et sa tribu à aimer. En élargissant, sa patrie, mais incarnée par son tsar et son peuple. L'extérieur ne compte pas, tellement éloigné qu'il existe à peine. Aucune tendance centrifuge, d'énormes forces centripètes. A-t-on jamais essayé de comparer l'esprit d'aventure des conquérants de l'Alaska, à 9 000 kilomètres de Moscou et sur un autre continent, à celui des *49*ers américains, les conquérants de la Californie, à 3 000 kilomètres (seulement) de Saint-Louis ? Les échelles sont sans commune mesure et, pourtant, des Russes l'ont fait ! La lente construction d'une patrie au milieu d'un vide sidéral façonne des dirigeants plus ambitieux que la plupart des chefs d'État et rois occidentaux. Plus que des bâtisseurs, ce sont des inventeurs d'empires, ce dont les hordes asiatiques n'avaient aucune notion, à l'exception peut-être d'Attila qui n'a pas eu de successeur. La distance crée l'étrangeté, le caractère, l'autonomie. Mais elle encourage aussi la méfiance, la crainte, le bloc familial ou tribal. La distance apprend à ne pas avoir besoin des autres, en particulier des peuples voisins qui sont inquiétants par nature. La distance est une muraille contre l'inconnu, comme un océan autour d'une île. Successivement, Ivan le Redoutable, Pierre le Grand, Catherine la Grande, Alexandre Ier et Staline se sont servis de l'espace comme d'une forteresse qui, effectivement, n'a plus jamais été franchie. Et si Nicolas II a succombé, c'est parce qu'il a voulu jouer à la même table que les Occidentaux. « *Nicky* » a été berné par « *Willy* », le Kaiser Guillaume II, qu'il prenait pour son cousin et son ami.

Le communisme s'est glissé dans ce monde comme dans un gant : tout était prêt pour l'accueillir. Il lui fallait des serfs obéissants, des administrations centralisées, une religion aux ordres, un centre autocratique. Nulle trace d'idéologie là-dedans. Aucun changement de paradigme. « Tout changer pour que rien ne change. » Seule l'élite a changé. Une logomachie utopiste et égalitariste a remplacé la logomachie impériale et césaropapiste. Tout naturellement, le tsar s'est appelé Secrétaire général, le gouvernement, Bureau politique, l'assemblée, Comité central, et l'aristocratie, nomenklatura. Le sort des habitants n'avait guère changé et ceux-ci n'avaient pas plus de droits, peut-être même un peu moins, car la police du tsar était « primitive » et les progrès dans ce domaine ont été rapides. Un retour vers Ivan le Redoutable ? Question ouverte.

Sans la perestroïka, je n'aurais jamais mis les pieds en Union soviétique. Mais cela faisait déjà quinze ans que j'attendais la fin de l'URSS. Il se passait enfin quelque chose. Je suis allé voir. Ma clé à moi, c'était Byzance. Et je me suis senti tout de suite en phase avec ce peuple qui attendait des changements tout en les redoutant. Cela rend plus sensible, plus curieux, plus accessible à l'inconnu, enfin plus enclin à se confier. Et des confessions, j'en ai reçu comme jamais. Dès que je révélais mes origines et racontais l'aventure de ma lignée, on était en terrain connu. Ce n'est pas pour rien que

Moscou s'est donné le titre de « *troisième Rome* » à la chute de la deuxième, Constantinople, en 1453. La « *Ville* », comme on nommait familièrement cette dernière, est rebaptisée Tsargrad par les Russes. Le moine Philothée de Pskov écrivait en 1510 au grand-prince Vassili, père d'Ivan le Redoutable : « Deux Rome sont tombées. La troisième est solide. Il n'y en aura pas de quatrième ! » Tous les souverains russes ont été fascinés par l'Empire romain d'Orient. Le grand rêve de Catherine était de déplacer la capitale de l'Empire à Constantinople reprise aux Ottomans. Malgré l'appui de l'Autriche-Hongrie et de la Grande-Bretagne, elle n'y est pas parvenue, l'abstention de la France, trop occupée à se révolutionner, empêchant l'entrée dans « *Tsargrad-Constantinople* », finalement échangée contre Odessa qui sera repeuplée de Grecs et confiée au duc de Richelieu, futur Premier ministre de Louis XVIII et artisan de la réconciliation franco-russe. Jusqu'à sa mort Catherine regrettera de n'avoir pu achever son « rêve grec ». Richelieu, lui, y gagnera la statue qu'il n'aura jamais eue en France, agrémentée du commentaire flatteur : « *Au Duc Emmanuel de Richelieu… qui fut à la base du bien-être d'Odessa… en souvenir de ses œuvres…* »

Bref, étonné du statut que me donnait mon sang, entouré de gens qui connaissaient Basile II et savaient qu'il avait été le plus grand empereur de l'Empire romain d'Orient, je me suis senti comme chez moi et j'ai pu observer tout ce qui m'intéressait et dire tout ce que je voulais, jusque, et surtout, dans le Kremlin. J'ai même participé à la fondation de l'Association des Grecs du Pont en 1991 ! Au bon endroit au bon moment, j'ai participé à un événement comme il n'y en a que quatre ou cinq par millénaire. Pendant un bref instant, j'ai même eu quelque influence. Et puis l'Union soviétique a fait un naufrage à la *Titanic*. Mais un naufrage sans noyés. Tout le monde s'en est sorti avec plus de peur que de mal. Et mon destin a divergé. La Russie n'était plus qu'un pâle reflet de la fière URSS. Redescendus au niveau des nations ordinaires, on a dû faire face à des problèmes ordinaires, ceux mêmes que l'on avait complètement ignorés depuis 1917, vivant un rêve éveillé où la gravité n'existait pas et où il suffisait d'ordonner pour obtenir et de souhaiter pour réaliser.

Mais je me sentais toujours bien dans ce nouveau pays comme dans ses avatars. Décidé à rester, je fis tout autre chose que ce que j'avais imaginé et participai, dans la mesure de mes moyens, à la reconstruction d'un outil économique. Je fus impressionné par le résultat de mes efforts, et trente ans plus tard, arrive le temps de la « *récapitulation* », comme la demandait si souvent notre illustre Ricœur.

Elle est dans ces pages inspirées par l'unique traversée du *Titanic,* mais elle est surtout dans mon cœur. Les Russes m'ont appris la vraie vie, tout en se l'enseignant à eux-mêmes. Ils n'ont jamais cessé de me donner les moyens de construire un destin qui a fait de la seconde moitié de ma vie une aventure unique, me permettant de retrouver mes traditions et mes racines.

Le lecteur trouvera, entre les chapitres du récit, des « *intermèdes* ». Ce sont des articles écrits sur le vif et publiés pour la plupart dans la presse française au fur et à mesure de mon temps soviétique, puis russe. Des témoignages en temps réel.

Enghien-les-Bains, 2019

CARTE DE LA FÉDÉRATION DE RUSSIE

R C T I Q U E
Mer des Tchouktches
Alaska (É.-U.)
Mer de Sibérie Orientale
Archipel de la Nouvelle - Sibérie
Nord
Mer des Laptev
Mer de Béring
Kamtchatka
Petropavlosk-Kamtchatski
é r i e
Iakoutsk
Mer d'Okhotsk
Îles Kouriles
Sakhaline
Ioujno-Sakhalinsk
Lac Baïkal
Khabarovsk
Tchita
Irkoutsk
Oulan-Oude
JAPON
Vladivostok
Mer du Japon
CHINE
MONGOLIE
CORÉE DU NORD

CHRONOLOGIE
DU NAUFRAGE DE L'UNION SOVIÉTIQUE

1985

11/03 : Mikhaïl Gorbatchev est élu Secrétaire général du PCUS.
01/07 : Boris Eltsine est élu au Secrétariat du Comité central du PCUS.
23/12 : Boris Eltsine est élu Premier secrétaire du PC de Moscou.

1986

23/12 : Retour d'exil d'Andrei Sakharov, père de la bombe H soviétique.

1987

30/01 : Mikhaïl Gorbatchev propose des élections à bulletin secret avec plusieurs candidats.
07/02 : Début de la libération des prisonniers politiques.
10/09 : Boris Eltsine démissionne du Politburo : grande première !
11/11 : Boris Eltsine est exclu du PC de Moscou.

1988

29/11 : Fin du brouillage des radios étrangères.

1989

26/03 : Premières élections libres au Congrès du peuple. Eltsine et Sakharov élus.
26/03 : CNN reçu à Moscou.
09/11 : Fin du mur de Berlin.

1990

07/02 : Le PCUS renonce à son monopole politique.

Février-octobre : 15 républiques soviétiques organisent des élections indépendantes et déclarent leur indépendance.

29/05 : Boris Eltsine élu président du Parlement de la Fédération de Russie.

03/10 : Annexion de la RDA par la RFA.

1991

14/01 : Valentin Pavlov est nommé Premier ministre de l'URSS (c'est le premier de l'histoire).

17/03 : Référendum sur la nouvelle Union des républiques de l'URSS.

12/06 : Boris Eltsine élu président de la Fédération de Russie.

19/08 : Putsch.

24/08 : Abolition du PCUS.

08/12 : Accord de Belaveja (ou de Minsk) entre Russie, Bélarus et Ukraine (seuls signataires de accords de 1922) pour dissoudre l'URSS.

12/12 : Le Soviet suprême ratifie le traité de Belaveja.

21/12 : Protocole d'Alma-Ata étendant l'indépendance aux autres républiques de l'URSS.

25/12 : Démission de Mikhaïl Gorbatchev.

26/12 : Dissolution de l'URSS.

Ouverture

Les âmes grises

Le Monde, janvier 1990

Blues dans le Moscou crépusculaire de fin d'Empire.

Moscou... perdue au bord de l'immense espace. Vide, alanguie, flottante comme un manteau trop large sur un corps amaigri. Moscou...

Ici, tout est vieux. Les lieux, les places, les bâtiments, les tramways, les pavés disjoints, les camions, les boutiques, les ascenseurs asthmatiques. La nuit même paraît du début du monde. Sous une pleine lune voilée, dans une clarté jaunâtre tenue à bout de bras par des lampadaires-épouvantails d'où suinte une incertaine lueur, défilent des autobus bringuebalants qui de temps à autre s'arrêtent devant des cabanes défoncées où ils sont pris d'assaut par des silhouettes encapuchonnées. Dès 16 heures, au coucher du soleil. Moscou...

Des automobiles poussives puant l'essence bon marché tournent sagement autour des statues de Lénine et d'autres grandiloquentes métaphores d'une époque révolue. Toutes sont usées par le temps. Aucune n'est restaurée. Plus loin, vers l'Arbat, la foule grise, sac plastique en main, se presse vers les rares magasins où il reste encore quelque chose à acheter. Les femmes ressemblent à des poupées qui auraient fait une indigestion de son, et les hommes à des bonshommes de neige qu'on aurait peints en gris. Les jeunes tentent, sans grand succès, de se différencier de leurs aînés, mais on sent bien, à l'embonpoint naissant des uns et à la poussière qui recouvre déjà les autres, que tous leurs efforts sont vains et que le milieu, bientôt, les dévorera aussi.

Ici, les âmes sont grises. Le pâle soleil de novembre qui fait resplendir les dômes d'or et le vert tendre des toits ne parviennent pas à briser une nostalgie qui ne cède qu'à une autre griserie, celle de la vodka, autre expression d'une tristesse séculaire... Mon ministre part pour Petropavlovsk au Kamtchatka. Il va falloir festoyer encore avant ces neuf heures de jet vers le Pacifique et ses infinies perspectives. Tout sera bien prévu, réservé. Le salon sera particulier – bien particulier –, la nourriture sera lourde – bien lourde – et les plaisanteries grasses, bien grasses. Où se cachent la poésie russe, l'insolente élégance, la sensibilité slave ? Je ne suis entouré que de personnages cupides, obséquieux et vulgaires. Qu'ils aient le pouvoir n'en fait que de plus abominables boyards. L'un d'eux m'a dit ce matin que le stalinisme n'était qu'un tsarisme habillé de rouge.

Et maintenant ? Le règne d'une génération s'achève. Tout indique que la nouvelle ne sera pas différente.

Les mots changent. L'idéologie aussi. Mais le despotisme de caste – cette aristocratie dévoyée par la vie quotidienne – demeurera.

Les nouveaux messieurs ont les dents aussi longues et l'esprit aussi court que leurs pères. Comment auraient-ils pu se trouver là s'ils n'avaient eu les unes et l'autre ? Leur galimatias pseudo-économique remplace la langue de bois de leurs prédécesseurs – il n'est pas plus convaincant parce qu'il exprime le même mythe : le règne des « happy few » sur une multitude passive et obéissante. Le peuple russe n'est pas près de prendre le pouvoir, il ne l'a jamais eu, et il faudra bien, pour qu'il ose le prendre vraiment, le même temps qu'il a fallu pour que l'on accepte l'échec de 1917.

Ce qui se passe aujourd'hui en Union soviétique dans le domaine politique relève davantage d'une querelle d'encyclopédistes que d'une révolution. Un peuple qui ne connaît la démocratie que ce que l'on en voit dans les romans-photos à épisodes vendus au kilo par les chaînes américaines aux télévisions soviétiques, ne peut pas se battre pour elle. Tout au plus peut-il passer de la servitude de la peur à celle de l'argent.

Moscou... lumière d'un empire en ruine, tombeau de la plus grande illusion de l'histoire des hommes, abrite encore dans ses flancs la bête humaine. L'homme nouveau n'a existé que dans les ouvrages de propagande. Mais le nouvel homme nous réserve bien des surprises. Il n'a pas encore pris conscience de la défaite qu'il s'est infligée à lui-même. Un empire qui s'écroule sans guerre et qui s'enfouit sous ses propres ruines ne peut retrouver sa justification que dans le nationalisme.

Et c'est le seul levier collectif qui reste aux nouveaux maîtres pour relancer l'URSS dans la course à la puissance. Les autres, tous les autres – liberté, richesse – ne sont que des mythes auxquels manquent chair et sang. Et ce nationalisme recèle bien des dangers.

Le jour où le Russe sentira l'humiliation à laquelle ses maîtres l'ont conduit – et par là, je ne veux pas simplement parler du retard économique qui ne cesse de s'agrandir, mais aussi du terrifiant infantilisme dans lequel on l'a contraint de se complaire depuis 1917 –, ce jour-là surgiront de « faux Dimitri » vengeurs qui seront bien capables de capitaliser à la fois la honte et la force, l'humiliation et la puissance armée pour faire renaître une nouvelle menace.

Moscou, capitale des armées... La plus grande menace qui plane sur le futur de notre planète n'est-elle pas de savoir que la première puissance militaire du monde pourrait passer sous le contrôle d'une petite oligarchie nationaliste et démagogue ?

Car ce qui se passe à Moscou, tout le monde le sent bien, c'est le prologue de l'histoire du XXIe siècle. Selon son issue, la planète verra s'ouvrir un siècle de paix – le premier sans doute – ou un nouveau siècle de crises et de guerres. Un point nodal de l'Histoire comme il n'y en a que cinq ou six par millénaire.

Peut-être le point nodal de l'histoire de l'humanité, qui signera son avenir infini ou sa disparition foudroyante.

Ici, tout est vieux. Un morceau du XIXe siècle égaré dans cette fin du XXe siècle. Mais quel morceau ! L'URSS ne sait que faire. Les dirigeants, tous empreints du scientisme de la révolution industrielle sont incapables de juguler la lente désagrégation d'une économie qui faisait voici encore peu la fierté de toutes les gauches du monde. L'homme de la rue est comme un chien dont le maître a lâché la laisse.

Première partie

LE VOYAGE

1

Levée de l'ancre à Paris

Paris, 1989, après la chute du Mur.

Tout en vaquant à mes affaires, je gardais un œil sur l'URSS où il se passait des choses que j'attendais depuis longtemps.

Dans le journal que je tenais dans les années 1960, j'ai retrouvé récemment la chronique du 1er janvier 1970. Fin des années 1960, début des années 1970, le monde changeait à vive allure. Sauf à l'Est où tout semblait figé. La décennie qui commençait incitait à poser des hypothèses en face de tous les points d'interrogation.

Pour moi, le principal était l'URSS qui constituait une épée de Damoclès suspendue au-dessus de l'Europe occidentale. Voilà donc ce que j'écrivais le premier jour de 1970 : « Quelques prédictions à vérifier : - Politique : dislocation de l'Empire russe et peut-être fin du système soi-disant socialiste. » Je m'étais trompé d'une décennie, mais mon intuition semblait alors prête à se matérialiser.

Les gens qui rentraient de Moscou racontaient des choses étranges. Les langues se déliaient, les églises redressaient la tête, les dissidents, de plus en plus nombreux, ne craignaient plus de défier le pouvoir. Ils publiaient même en Occident et racontaient des scènes de la vie courante qui donnaient froid dans le dos. Les allers et retours du Premier secrétaire du PCUS ressemblaient à des errements. La liquidation des stocks d'or de l'URSS prenait des allures de faillite. Les lingots mis sur le marché de Londres portaient le poinçon de l'Empire tsariste. Pour les habitués, cela signifiait que tout l'or accumulé par les Soviets avait été vendu et que l'on commençait à liquider les bijoux de famille. J'avais été fortement impressionné lorsqu'un de mes amis qui travaillait dans ce marché me conta que l'on commençait à voir des roubles or à l'effigie de Nicolas II. Cela voulait dire que la fin approchait. À côté de cela, l'emphase avec laquelle la « nouvelle pensée » gorbatchévienne était proclamée *urbi et orbi* donnait l'impression que les Soviétiques cherchaient à se dissocier de la catastrophe qui se profilait à l'horizon. En même temps, on ne pouvait qu'apprécier, à l'Ouest, cet hommage du vice à la vertu que sous-tendait le leitmotiv de la libéralisation de l'économie et les pas faits vers un minimum de démocratie. Une impression de sauve-qui-peut se ressentait dans la communication du Kremlin.

Le monde avait des yeux de Chimène pour le couple impérial formé par Mikhaïl et Raïssa Gorbatchev qui passaient leur temps à sillonner la planète pour prêcher la « nouvelle pensée ». Ils venaient plus souvent à Toulouse qu'à Paris afin d'y célébrer leur vieille amitié pour un social-capitaliste toulousain. Celui-ci avait en effet trouvé la clé du marché soviétique dans la corbeille dans laquelle il déposait ses larges cotisations au PCF de M. Marchais, illustre tribun qui savait clouer le bec à toute l'intelligentsia française. Jeune ministre de l'Agriculture plein d'avenir, Mikhaïl avait utilisé le « canal Doumeng » pour importer les produits alimentaires occidentaux qui manquaient dans les boutiques secrètes de la nomenklatura soviétique (les boutiques du *vulgum pecus*, elles, n'en avaient guère besoin). On se racontait la sensation créée à Venise par Raïssa payant ses robes griffées avec des cartes de crédit offertes par le Toulousain. Quelques années plus tard, elle allait le rembourser chèrement.

C'est dans ces circonstances que des « économistes » soviétiques me demandèrent d'organiser à Paris un grand colloque sur la perestroïka. La demande fut confirmée par le chef du « parti libéral », futur maire de Moscou, Gavriil Popov. On me promit le « club universitaire pour une économie libérale », une demi-douzaine de professeurs d'économie marxistes en cours de conversion au capitalisme. En prime, sans doute quelques ministres de la même coterie. Un saut à Moscou me permit de vérifier et surtout de comprendre les données et l'ampleur des problèmes de l'URSS. J'en revins très excité. Je m'étais rendu compte de la révolution qui se préparait et avais vu dans cette conférence un moyen de mettre la France à l'avant-garde de la nouvelle politique occidentale à l'égard de l'URSS. L'Élysée de l'époque, très remonté contre l'URSS à la suite de la chute du mur de Berlin qu'il n'avait pas su prévenir, ne me facilita pas la tâche, mais je trouvai dans les médias financiers les appuis dont j'avais besoin.

L'arrivée de la délégation soviétique à la conférence fut un grand moment d'anthologie. La plupart de ses membres venaient à Paris pour la première fois et ne cachaient pas leur joie. Leur enthousiasme un peu débridé était parfois difficile à endiguer, comme ce premier soir où plusieurs d'entre eux demandèrent une visite organisée du bois de Boulogne la nuit. Les grands magasins furent pris d'assaut et les dîners se muèrent en débauches de langoustes.

C'est ainsi que je commençais à prendre conscience de la francophilie russe. Un sentiment universel que je retrouverai à chaque étape de mes aventures en Union soviétique, et qui fait du Français un étranger à part. En parlant vite, on peut dire que les Russes sont fascinés et effrayés par les Américains, admirent le talent industriel des Allemands, les capacités financières des Anglais, mais qu'ils vouent aux Français une admiration affective et inconditionnelle sans équivalent. J'aurai l'occasion d'en bénéficier plus souvent qu'à mon tour. Parmi tous les pays que j'ai pu connaître au cours d'une vie professionnelle internationale, l'URSS est sans aucun doute celui où la cote de la France est la plus élevée.

Les politiques se faisaient attendre et on commençait à s'inquiéter lorsque la nouvelle tomba, la veille de l'ouverture des débats, d'un remaniement ministériel qui devait annoncer la promotion de certains de mes invités. Le Kremlin, soucieux de montrer au monde sa modernité, décida de faire passer aux nominés des épreuves d'admission devant la Douma, selon le modèle américain. Par ordre alphabétique ! Cela condamnait notre principal intervenant à rater son rendez-vous de Paris. Et c'est là que nos économistes, heureux de l'accueil que nous leur avions organisé, montrèrent leur pouvoir. Ils obtinrent en quelques heures que la Douma passe outre à l'ordre alphabétique pour que notre orateur soit confirmé de suite. Petit homme replet, mais grand apparatchik, n'en croyant pas ses oreilles, il fut adoubé en express par la Chambre !

Il arriva dans la soirée auréolé de son nouveau titre de ministre des Finances de l'URSS. Toute ruinée qu'elle était, l'URSS avait encore un redoutable prestige. Seuls les initiés savaient que les réserves de devises de la Banque centrale étaient à zéro et que l'on voyait maintenant le plancher du Fort Knox du Kremlin. La baisse du cours du pétrole avait fait son œuvre, bien aidée par l'augmentation prodigieuse des budgets de défense et de l'espace. L'échec de la conquête de la lune à la suite de l'explosion du premier étage qui avait exterminé tout l'état-major de la NASA locale avait pesé lourd sur les finances du pays. La baisse des récoltes s'était accompagnée d'une augmentation équivalente des importations alimentaires. La planche à billets marchait à plein régime et les prix augmentaient. Le mécontentement de la population commençait à se faire entendre. Valentin Sergueïevitch Pavlov n'ignorait rien de tout cela. N'était-il pas président du Comité des prix dans le précédent gouvernement ? Aussi l'occasion de se montrer à Paris était inespérée et il voulait en bénéficier avant que les difficultés n'apparaissent. Le gouverneur de la Banque centrale de l'URSS (Gosbank), Viktor Guerachtchenko, était déjà là. Il l'accueillit donc comme il convenait et la vodka commença de couler. Je m'éclipsai rapidement, prétextant des détails à régler. Grande gueule, il devait rapidement placer Valentin Sergueïevitch sous son contrôle et, dès le retour de tout ce petit monde à Moscou, les problèmes commencèrent. On plaisantait beaucoup à l'époque sur cette Banque qui n'avait de centrale que le nom. On citait l'anecdote de ce gouverneur qui, devant la demande d'un Premier ministre de financer l'administration de l'espace, émit un billet manuscrit sur papier à en-tête de la Banque : « Bon pour une fusée lunaire »... Nous verrons que le laxisme et l'appétit du pouvoir du gouverneur – paix à son âme – furent un des éléments clés de la construction du système de l'oligarchie russe. Pour le moment, il fallait caresser le nouveau ministre dans le sens du poil, et il semblait bien que la vodka fût l'arme absolue.

Le lendemain, à l'ouverture de la Conférence, Valentin Sergueïevitch était la vedette. De son exposé, d'un ridicule achevé, on ne retenait que l'injonction : « Venez me voir et je réglerai tous vos problèmes d'implantation en URSS. »

Je ne mis pas beaucoup de temps pour comprendre ce que ce langage signifiait dans son esprit. Le soir même, conduisant toute la délégation à un dîner de bienvenue, je pris le ministre à mes côtés dans ma voiture. Pendant le trajet, qui dura un gros quart d'heure, je n'entendis qu'une seule chose. Dans un anglais d'école primaire, Valentin Sergueïevitch ne cessait de me répéter, de crainte que j'aie mal compris : « *Chrrrristian,* nous allons devenir riches tous les deux ! » Par quelle étrange aberration avais-je choisi un des rares restaurants de la capitale qui interdisait les cigarettes ? Je regardais tristement les langoustes refroidir pendant que tous mes hôtes arpentaient le trottoir de Paris...

De retour à l'hôtel, je vis qu'il était attendu par le gouverneur qui, drôlement, avait un sac plastique à la main. Ils s'engouffrèrent dans l'ascenseur et je rentrai chez moi.

Le lendemain matin, je vins le chercher pour le conduire à l'aéroport. Il sortit de l'ascenseur en titubant et monta avec difficulté à l'arrière de la voiture. Le trajet fut assez long. Je l'observais de temps à autre dans le rétroviseur. Tatiana, son attachée, était assise à l'avant. Je le vis rougir, haleter, puis arracher sa cravate. Interrogatif, je regardai Tatiana. « Pas de souci, me répondit-elle en anglais, j'ai l'habitude des hommes soviétiques ! » Préoccupé, j'accélérai, me demandant ce qui se passerait si on retrouvait le ministre des Finances de l'Union soviétique mort dans ma voiture ! Le débarquement au terminal VIP de Charles-de-Gaulle fut facilité par la présence de deux gardes du corps visiblement très au courant, qui portèrent Valentin Sergueïevitch jusqu'au salon d'embarquement. Une fois sur place, Tatiana prit la direction des opérations, s'isolant avec lui dans une pièce adjacente après m'avoir répété : « Pas de problème, j'ai l'habitude ! »

Je me dépêchai de rentrer à Paris rejoindre le reste des troupes qui m'accueillit d'un air narquois.

Cet épisode viril me valut l'amitié inaltérable du ministre dont le brillant avenir me permit de monter dans la hiérarchie de la nomenklatura comme peu d'étrangers avant moi.

Inutile de dire que ce premier colloque sur la perestroïka économique resta dans les mémoires. Il fut suivi de beaucoup d'autres et notre petite troupe fit un bon tour de l'Europe, de capitale en capitale, pour vendre, avec succès, la « nouvelle pensée ». L'Ouest n'en attendait pas tant, et chaque discours enflammait davantage les amateurs de sensations fortes qui accouraient en foule à Moscou pour se faire prendre dans les filets de l'administration soviétique qui n'en revenait pas ! Gouvernés par la forte parole de Lénine affirmant que les capitalistes vendraient jusqu'à la corde pour les pendre, les fonctionnaires de la Smolenskaïa, le ministère du Commerce extérieur, voyaient arriver des gens qui apportaient de l'argent pour investir (qu'est-ce que cela pouvait bien vouloir dire ?) en URSS. Méfiance ! C'est cette méfiance instinctive qui a sans doute contribué à la généralisation des privatisations sauvages au seul bénéfice des Russes. Aucun étranger n'y a participé.

Valentin fit merveille jusqu'au jour où il perdit les pédales sous l'influence de la vodka.

Il connaissait ce proverbe russe : « Si tu es malheureux en amour, c'est que tu n'as pas assez bu de vodka. Si tu as des problèmes professionnels, c'est que tu n'as pas assez bu de vodka. Si tu te sens malheureux, c'est parce que tu manques de vodka. Bois davantage de vodka et tu seras heureux ! » Il l'a appliqué à la lettre. Hélas, la prophétie ne s'est pas accomplie.

2

À la chasse aux croisiéristes

Le test de Paris ayant merveilleusement fonctionné, à la grande satisfaction du Kremlin, Valentin, désormais en passe de devenir Premier ministre, me demandait de continuer. Et c'est ainsi que ce que nous avions surnommé un soir de fête autour de langoustes, dans le quartier des Halles de Paris, notre « Barnum », entreprit un tour d'Europe grâce aux largesses de quelques banques installées en URSS et de quotidiens assoiffés de scoops. La perestroïka emballait tout le monde et Mikhaïl Gorbatchev n'était pas loin d'être élu l'homme le plus influent de la planète par le magazine *Fortune*. Son pacte secret avec Margaret Thatcher, qui avait permis à cette dernière de venir à bout des longues grèves de 1985, fonctionnait à plein régime. Elle l'avait littéralement projeté sur le podium de la gouvernance mondiale.

À Bruxelles, nous avions engagé un dialogue informel avec la Commission européenne de Jacques Delors. L'ambassadeur de l'URSS auprès de la Commission, qui se morfondait dans son bel hôtel particulier, fut ravi de se montrer devant des compatriotes qui venaient prêcher la bonne parole et, ce qui ne gâtait rien, tenaient pour la plupart des postes de premier plan dans la nomenklatura. Le gouverneur de la Gosbank était particulièrement choyé par les banquiers qui avaient prêté des capitaux à l'URSS et qui commençaient à s'inquiéter. Cet homme affable ne connaissait pas grand-chose au métier de banquier et l'avouait sans manières. Il sortait tout droit du placard « finances » du Comité central du parti, son père ayant lui-même été le grand banquier de Staline. C'est lui qui, peu après ces événements, allait déclarer l'URSS en rupture de paiement dans le cadre d'un accord avec le G7 soutenu par Margaret Thatcher. En attendant, le « pire banquier central du monde », comme on le surnommait à l'Ouest, gai compagnon de table, racontait à peu près n'importe quoi sur la perestroïka au micro du Hilton de Bruxelles.

Londres, puis Madrid. À Londres, la Banque soviétique locale nous offrit un public blasé qui connaissait le « système » financier soviétique comme sa main, avec ses établissements dans la capitale et à Jersey, son or aux enchères hebdomadaires de Rothschild, ses emprunts qui rapportaient gros… La City n'avait-elle pas financé le Trésor français en plein blocus napoléonien, après avoir prêté aux États-Unis pour payer l'achat de la Louisiane ? Le banquier de la City était foncièrement apolitique et ne raisonnait qu'en banquier. C'est ce qui plaisait aux Soviétiques. Bref, les présidents de banques d'État spécialisées, prisonniers de leur anglais primitif, n'eurent pas les moyens de s'offusquer des remarques peu amènes de la salle. Ils les ressentirent, mais ne les comprirent pas vraiment et purent encore moins répliquer. L'or tsariste, qui affluait à Londres, entraîna une petite querelle vite éteinte par une plaisanterie du gouverneur qui avait vécu à Londres quelques années en début de carrière.

Madrid nous accueillit en grande pompe sous l'égide du grand quotidien *El País* qui faisait sa publicité. Le personnage qui en tira le plus grand profit fut le propriétaire du journal, « high flyer » de la nomenklatura madrilène que l'on revit souvent à Moscou pendant la première décade du siècle, sans grand succès d'ailleurs. Autour de lui, des PME avides de business et quelques politiques soucieux d'être dans le coup.

Le « Barnum » fit parler de la nouvelle URSS et de la future privatisation de l'économie. Ce qui tenta un certain nombre d'entreprises et banques européennes qui y mirent les pieds juste à temps pour profiter des dix glorieuses de l'ère Eltsine.

Nous les accompagnâmes avec l'appui bénévole et efficace de grands noms de la gouvernance française qui jouèrent ainsi un rôle déterminant dans le rapprochement économique entre les deux bouts de l'Europe. Raymond Barre y fut un apôtre constant et déterminé. Pierre Bérégovoy disparut malheureusement l'avant-veille de la Conférence de Kiev et fut remplacé au pied levé par Laurent Fabius. Le président de la Commission surmonta son préjugé initial et permit au premier « deal » entre l'UE et l'URSS d'aboutir avant la disparition de cette dernière. Pendant ce temps-là, les miracles s'accumulaient : élections démocratiques des maires de Moscou puis de Leningrad. Gavriil Popov fut un ardent défenseur de la privatisation et de la démocratie. Ses déclarations faisaient merveille et montraient aux publics européens que l'impossible pouvait peut-être se faire. En bon connaisseur du système, il ne se faisait sans doute pas beaucoup d'illusions, mais son utopie était communicative. Sa mairie devait devenir mon quartier général pendant quelques mois, et c'est toujours avec espoir que je montais les marches tapissées de rouge du grand escalier d'honneur avec des visiteurs européens qui venaient prendre la température avant de se jeter à l'eau.

La nouvelle URSS commençait à séduire et les premiers investissements européens étaient programmés, lorsque le putsch du Comité central, suivi du contre-coup d'État de Eltsine, brouilla tout en effaçant l'Empire de la carte du monde. Mais l'inamovible gouverneur Viktor Guerachtchenko tint parole. La Russie prit sur son dos les dettes de l'URSS et s'engagea à les rembourser, ce qui fut fait en quelques années. Les nouvelles républiques héritaient ainsi à leur naissance d'une situation nette.

Notre stratégie, qui se forgeait au gré des conférences qui se succédaient, était de faciliter les privatisations par une entrée à grande échelle des investissements étrangers dans le tissu industriel soviétique pour le rénover et aboutir rapidement à des capacités exportatrices suffisantes pour casser l'esclavage des matières premières, seules ressources exportables de l'URSS avec les industries d'armement et l'espace. J'en discutais souvent avec l'économiste Stanislav Chataline, et une liste des industries ouvertes à l'investissement étranger était en préparation dans le cadre du plan dit « des 500 jours ». Elle était inspirée à la fois par les contacts qui se nouaient autour du « Barnum » et par la stratégie industrielle en cours d'élaboration.

Ainsi, petit à petit, la silhouette de la nouvelle URSS prenait forme, du moins dans mon domaine, celui de l'économie. C'était sans compter avec la bêtise du Comité central et de la nomenklatura.

3

Première escale à Leningrad

1989.

Mon arrivée à l'Ermitage est un morceau d'anthologie. Les économistes de la Tverskaïa avait décidé de faire ma culture russe, puisque je leur faisais découvrir l'Europe

Voilà bien un trait des mœurs soviétiques : un prêté pour un rendu. Vieille tradition des steppes, l'hospitalité exige que l'on honore l'hôte d'un service ou d'un objet. La culture du cadeau s'était simplifiée à l'ère soviétique, puisque les objets étaient rares, réservés à la classe supérieure. Alors, on compensait par des fleurs. J'ai toujours été admiratif de voir le nombre de femmes et d'hommes portant des bouquets de fleurs dans les salles d'attente des aéroports et des gares soviétiques. Dans mon cas, un bouquet aurait fait un peu *cheap*. Voilà déjà six mois que j'étanchais la soif de découvertes de mes nouveaux amis, les baladant à travers l'Europe grâce à notre Barnum. Un voyage culturel paraissait donc plus adapté, et en Union soviétique, qui disait culture pensait Leningrad. La nuit de train, si elle manquait de vitesse, ne manquait pas de confort. Il en fallait pour masquer les secousses à chaque jointure de rail ! Le thé constituait le risque numéro un, la bouilloire fournie par notre cheffe de wagon potelée et moustachue étant installée sur un moignon de tablette brinquebalant. Douze heures pour 700 kilomètres, comme aux États-Unis, dans les trains vers l'ouest. L'arrivée dans les brumes d'une aube obscure, et les pieds sur la glace d'un quai en plein air n'avaient pas eu raison de notre hâte de découvrir la Venise du Nord. On nous attendait, ou plutôt ils nous attendaient : une petite escouade se saisit de nos petites mallettes et nous encadra jusqu'à la Tchaïka de service où nous n'eûmes pas de mal à choisir nos places parmi les dix fauteuils qui s'offraient à nous. Nous voguâmes majestueusement jusqu'à cet hôtel *Astoria* qui devait devenir ma pension pétersbourgeoise pendant les années qui suivirent, jusqu'à ce que la ville soit conquise par les chaînes internationales qui ouvrirent une foule d'établissements plus luxueux les uns que les autres. La rumeur prétendait que c'était l'hôtel qui devait accueillir Hitler, le jour où il serait rentré dans Leningrad. Le premier directeur de l'*Astoria,* Louis Terrier, n'en aurait pas demandé tant. Je devinais dans la pénombre la majestueuse silhouette de Saint-Isaac, l'immense cathédrale néo- byzantine bâtie par l'architecte Auguste Ricard de Montferrand au XIXe siècle. Non seulement néo-byzantine, mais aussi « néo-tech », un peu à la manière de Saint-Augustin à Paris.

Comme d'habitude, la chambre est un four. Cette manie des organismes de chauffage urbain de bloquer la température au maximum supportable (j'ai arrêté de pester le jour où, quelques années plus tard, je me suis retrouvé à Vilnius, en Lituanie soviétique, dans un chambre sans chauffage. La nuit la pire de ma vie après celle de Bagdad, au sacre de Saddam Hussein, où j'ai subi 50 °C sous le toit de tôle de « l'annexe » du palace local). Bon, on entrouvre la fenêtre et on se réfugie sous les couettes.

Le programme du lendemain échappait à mon contrôle. Notre interprète francophone, entourée de nos accompagnateurs, nous donna le tournis dès le méchant petit déjeuner soviétique absorbé. Le but de la journée, qui devait se terminer au Kirov, était de nous montrer la France à Leningrad. Nous lui répondîmes que nous n'étions pas là pour ça. La France, on connaissait. Sans répondre, elle nous entraîna vers notre carrosse. Avant d'ouvrir le porte de la limousine, elle nous suggéra de jeter un coup d'œil sur la place. Le choc fut rude : tout ce qui nous entourait avait été construit ou commandé par des Français. La cathédrale, évidemment, mais aussi le monument à la gloire de Nicolas Ier, l'hôtel dont nous sortions, la maison Fabergé (huguenot français chassé par Louis XIV en 1685) construite par Paul Jacquot, des hôtels particuliers édifiés par l'architecte de Saint-Isaac, l'immeuble de la Société de construction des Batignolles, bâtisseur des principaux ponts de la ville qui ont servi d'esquisses au pont Alexandre-III. Un peu plus loin, la grande statue triomphale de Pierre le Grand par Falconet qui habita longtemps la maison Jacquot.

Nous venions de découvrir l'empreinte de la France en Union soviétique. Pour achever son effet, elle nous rappela que les plans de la ville avaient été dressés par Jean-Baptiste Alexandre Le Blond.

La visite de l'Ermitage, une aile de l'ancien Palais d'hiver bâtie par le Français Jean-Baptiste Vallin de La Mothe ne faisait qu'amplifier l'impression de la mainmise française sur la culture russe. Tous les grands peintres français y occupent des places d'honneur. Ce sont, pour la plupart, des tableaux du XIXe siècle tardif confisqués par les bolcheviks à de grands collectionneurs privés du début du XXe siècle. Ceux-là ont résisté à la razzia organisée par Staline pour financer le premier plan quinquennal soviétique et qui a permis à Calouste Gulbenkian de constituer sa collection de Lisbonne avec l'amicale intervention de l'Américain Armand Hammer que nous retrouverons bientôt.

Pendant que notre interprète traduisait les propos du guide officiel qui nous est affecté, nous demandâmes à voir les collections russes. Elle nous répondit que la peinture russe n'avait aucun intérêt, puisque rien n'existait, en dehors de la peinture d'icônes avec Roublev dont les chefs-d'œuvre sont à Moscou avec ceux de quelques autre « écrivains » d'icônes. « Et Répine ? » Étonnée de me voir lancer ce nom, elle ne perdit pas son sang-froid et m'expliqua que la peinture « moderne » avait été lancée en Russie par un Français du XVIIIe siècle, Paul Bruleau dont un fils (Charles), qui avait changé son nom en Brioullov, a produit l'un des plus célèbres tableaux russes, *La Cavalière,* aujourd'hui à Moscou. Pour clore le débat, elle ajouta que le Premier président de l'Académie impériale des beaux-arts se nommait Maximilien de Beauharnais, petit-fils adoptif de Napoléon et gendre du tsar Nicolas Ier. Répine, nous dit-elle, avait fait ses classes à Paris où il avait peint le célèbre *Café italien.* Catégorique, elle termina en disant que, jusqu'à la Révolution, il n'y a pas de peinture russe mais une peinture française interprétée par des Russes.

La journée se termina au Kirov où nous fûmes régalés du *Don Quichotte* de Léon Minkus, chorégraphie de Marius Petipa… mort en Crimée russe à 92 ans. Puis, nous eûmes droit à une conférence de notre interprète, elle-même pianiste confirmée, sur la généalogie de la musique russe qui, jusqu'au XVIIIe siècle, se limitait aux chorals orthodoxes byzantins a capella, les instruments étant bannis et limités à la musique de village, d'où Mikhaïl Glinka, le grand ami de Pouchkine, les sortit pour les mêler aux rossignols de son enfance sur le modèle des maîtres allemands.

Le retour à l'hôtel fut animé par la rencontre de deux soiffards affalés en travers de la porte de l'*Astoria*. On prit bien soin de nous faire remarquer que nous étions samedi, jour sans alcool en Finlande, et que les trains en provenance d'Helsinki étaient bondés.

Ce premier jour d'initiation à la culture russe fut suivi d'oraux de rattrapage tout le temps que dura notre séjour à Leningrad. Le Lumières y passèrent avec Diderot et sa bibliothèque rachetée par la Grande Catherine pour lui permettre une retraite digne, Voltaire et ses *catherinades*. Leurs deux collections constituèrent le premier fond de la Bibliothèque nationale russe.

Bien plus tard, j'eus l'occasion de nouer des liens forts avec des Pétersbourgeois remarquables, artistes et créateurs de banques et d'entreprises ainsi qu'avec les dirigeants de la Poste. Au fil des conversations, ils revenaient sans cesse sur ce cousinage entre leur ville et Paris, regrettant que les quatre-vingts ans de bolchevisme aient distendu les contacts. Ils se rattrapèrent vite et passaient plus de temps à Paris que dans n'importe quelle autre capitale. Je me souviens en particulier de ce banquier pour lequel j'avais organisé, sous l'égide du Fonds monétaire international de Washington, un plan de développement ambitieux en coopération avec une banque française nationalisée en 1981 et qui cherchait à se privatiser. Il fit la découverte du TGV entre Paris et Nantes et n'en crut pas ses yeux. La banque qui le reçut ne lui fit pas une impression moindre : il fut stupéfait. Dans le train de retour, il chantonnait. Pour lui, c'était le grand retour de la France à Saint-Pétersbourg. La suite fut moins glorieuse. La privatisation faite, la dite banque passa entre les mains d'un assureur qui la rebaptisa de son nom, et dans la foulée, écrivit au Fonds, sans même m'en informer, pour révoquer l'accord. Un exemple typique des yo-yos des Français du XXe siècle vis-à-vis de la Russie !

Leningrad s'enorgueillit de sa proximité avec l'Europe, et singulièrement la France. Chaque trace de notre influence est préservée avec soin. Presque avec amour. Si le Pétersbourgeois regarde de haut le Moscovite, la France y est pour beaucoup. Notre langue prenait le pas sur le russe parmi les élites de la société d'ancien régime. L'épisode de la Bible de Galitzine, évoqué par ailleurs, est caractéristique et ne vient que renforcer ce magister culturel. Ce règne du français, qui n'a comme équivalent que celui de notre langue en Angleterre entre le XIe et le XIVe siècle, a présidé à la naissance de la grande littérature russe, sous la férule du semi-Tatar Ivan Tourgueniev, descendant des khans de la Horde d'or, qui a été un des points focaux de la vie intellectuelle parisienne entre 1847 et 1883. Inventeur de Gogol et de Tolstoï, sa petite société parisienne rassemble la fine fleur des écrivains de l'époque : George Sand, Flaubert, Mérimée, Alexandre Dumas, Zola et Victor Hugo et quelques compositeurs comme Saint-Saëns et Gounod. En bon Tatar, il va fournir à Jules Verne le sujet de *Michel Strogoff*. Qui dit mieux ? En Russie, il avait ses laudateurs, qu'on appelait les occidentalistes, et ses ennemis, les slavophiles, ce qui lui valut l'honneur douteux de servir de modèle à un héros diabolique de Fiodor Dostoïevski : le Karmazinov des *Démons*.

Le tour de ville en Tchaïka ne nous épargna aucun site : les deux ponts sur la Neva, les statues de bronze des grands tsars, les églises de style occidental. Ce n'est qu'après ce tour que nous eûmes le droit de voir les lieux russes : églises aux clochers en cornets de glace, bâtiments en bois et immeubles staliniens érigés sur les décombres des bombardements allemands pendant un siège infructueux de trente mois.

Le train de retour fut aussi long que celui de l'aller. La cheffe de wagon était aussi avenante et le thé aussi dangereusement chaud. La France commençait à nous manquer.

4

Escale à Yam (c'est-à-dire nulle part)

Le mur de Berlin était tombé et les troupes soviétiques avaient amorcé leur retrait d'Europe de l'Est.

Dans un des rares hôtels de Moscou, un Français tuait le temps en regardant la télévision. Il y avait justement un film américain ce soir-là. Bon, allons-y : c'était un *Rocky*. Pas fatigant à regarder. Stupeur : c'était l'histoire d'un boxeur américain qui devenait champion du monde en battant un Soviétique. Le public local devait être habitué à voir l'inverse... Pire, le Soviétique était dépeint comme un traître de carnaval, avec un physique à la 007 et des procédés carrément dégoûtants. Bref, un mauvais film de propagande américaine produit par un Hollywood bien maccarthyste. L'issue ne faisait aucun doute et le vilain fut bien puni. *The End*. Question : comment un pareil navet antisoviétique avait-il pu être programmé par la télévision d'État ? Réponse : la perestroïka commençait, sans discernement ni lucidité. Mauvais présage, pensa le petit Français. La suite devait, hélas, lui donner raison.

À Moscou, la perestroïka faisait fureur. Elle passionnait la planète et il ne se passait pas un jour sans que de bonnes nouvelles parviennent à l'Ouest. Les peuples qui avaient vécu depuis quarante ans sous la menace des Soviets écoutaient, incrédules. Les journaux ne savaient plus par où commencer.

Un jour, le rouble devenait convertible ; la semaine suivante, les grandes entreprises devenaient libres de leur gestion. Puis le sacro-saint « plan » était effacé. Les Soviétiques avaient le droit de voyager au-delà des limites de l'Empire. L'armée rétrécissait et des milliers d'officiers cherchaient des jobs. Moscou et Leningrad étaient autorisées à procéder à l'élection de maires indépendants.

Le « Centre », comme on l'appelait encore, voulait donner l'impression d'orchestrer le grand chambardement. Les émissaires partaient dans tous les pays pour expliquer ce qui se passait et donner des indications sur les buts de ces transformations. À l'intérieur, l'opinion publique n'existant pas encore et les masses étant habituées à ce que rien ne se passe, c'était plus compliqué. Pour tenter de combler l'abîme qui se creusait entre le dedans et le dehors, Mikhaïl Gorbatchev invitait des personnalités « occidentales » à venir rencontrer les élites soviétiques. Il pensait fermement que ces discussions permettraient de faire émerger des consensus qui non seulement régleraient les malentendus, mais aussi amorceraient le rapprochement des « pensées ». C'était le mot clé : la nomenklatura avait l'habitude, à chaque changement de Premier secrétaire du Parti communiste de l'URSS, de voir surgir une « nouvelle pensée » à laquelle il était urgent de se rallier, si on voulait garder poste et privilèges. Celle-là semblait un peu plus difficile à assimiler que les précédentes. Le contact avec le capitalisme était donc censé accélérer le processus puisque, *in fine*, le Premier secrétaire avait fixé l'objectif à atteindre, quelque part entre les deux « systèmes ».

C'est ainsi que la toute nouvelle Union des économistes, qui regroupait tous ceux qui partageaient la « nouvelle pensée » dans la foule des « économistes marxistes », se trouva chargée de la mission de contact et de rapprochement. Tous les membres de l'Union étaient des professeurs d'université qui avaient vu leurs articles censurés puis interdits par le Comité central et qui n'avaient retrouvé des chaires que tout récemment. Parmi eux, le nouveau maire de Moscou, héros des premières élections libres de l'URSS.

C'est ce personnage qui fut à l'origine de mon premier voyage en URSS. Ma première entrée dans la mairie de Moscou fut quasi liturgique : en contemplant les marches que je devrais escalader pour accéder au bureau du maire, j'eus l'impression d'entrer dans un palais impérial. Le bâtiment de la rue Tverskaïa ne payait pourtant pas de mine, en dehors de son gigantisme. Une petite cathédrale stalinienne, sans plus. Le seuil franchi, c'était une tout autre affaire ! « Voilà donc les fameux escaliers d'or que Lénine voulait offrir aux prolétaires ! », me suis-je dit. Arrivé, à bout de souffle, à l'étage suprême, dominé par des statues géantes symbolisant les vertus cardinales du communisme, je fus guidé par des huissiers chamarrés jusqu'au bureau du maire. Contrairement à ce que toute cette mise en scène pouvait présager, le bureau de Gavriil Kharitonovitch Popov était spartiate. Ni tableau ni statue, une table débordant de dossiers, une chaise et deux fauteuils pour les visiteurs. Je fus invité à m'asseoir et le petit homme se présenta spontanément en mettant en avant sa qualité de professeur d'économie marxiste et son manque de culture de chef d'administration. Il insista sur la situation qu'il avait trouvée à la mairie, auparavant simple département du ministère de l'Intérieur, le soviet de Moscou, remplacé sur son initiative le 12 juin 1991 par une mairie de plein exercice. Pionnier de la perestroïka après avoir sagement présidé le *Komsomol* (organisation de la jeunesse communiste) de l'université de Moscou, puis démissionné du Parti communiste en 1990, il avait été élu triomphalement secrétaire du soviet de la ville lors des premières élections libres de l'URSS. Un prof à la tête d'une mégaville, cela ne pouvait durer bien longtemps et, un an plus tard, il fut acculé à la démission pour retourner à ses chères études.

« Nous avons à présent besoin de l'aide de nos amis à l'Ouest pour entrer de plain-pied dans la communauté des capitales du monde. On me dit que vous pouvez nous aider. » Une main tendue ne se refuse pas. Fraîchement élu à l'Union des économistes et fort du succès du premier colloque sur la perestroïka tenu à Paris quelques mois auparavant, je me mis à la disposition de Gavriil Kharitonovitch pour lui ouvrir les portes de Paris et de la France que se partageaient à l'époque Chirac et Mitterrand, vieux complices qui avaient franchi ensemble les marches du pouvoir en éliminant les plus compétents. Je sortis de là en ayant le sentiment que j'étais dorénavant chez moi à Tverskaïa, mais que ce maire ne durerait pas longtemps.

C'est comme cela que le premier « Davos » de la perestroïka fut organisé. Le Kremlin et Tverskaïa s'étant mis d'accord, tous les courants favorables à la « nouvelle pensée » s'unirent pour assurer le succès de la réunion décisive qui devait, selon l'avis général, sceller l'appui du capitalisme mondial à la transformation de l'URSS en puissance pacifique et en économie de marché.

Un mois plus tard, en grand secret, quelques avions d'affaires atterrissaient à Vnoukovo avec leurs précieuses cargaisons. Le top du *radical chic* de Wall Street, de la City, de Paris et de Milan, séduit à l'idée de bavarder sans témoin avec le Premier secrétaire et le Premier ministre, fut véhiculé dans les berlines kremlinoises jusqu'au lieu de la réunion, un « sanatorium » du village de Yam, à 20 kilomètres au sud de la capitale. Seul le CAC 40 allemand n'avait pas jugé utile de faire le déplacement, préférant sans doute garder le secret sur les deals en cours.

Le lecteur peu averti des mœurs de feu l'URSS se demande peut-être ce que tous ces VIP pouvaient bien avoir à soigner pour passer le week-end en sanatorium. Bien que nous nous adressions à des connaisseurs, nous prendrons quand même une minute pour expliquer que la nomenklatura, parmi ses nombreux privilèges secrets, avait à sa disposition des résidences de vacances au confort « occidental » (eau courante et douches à l'étage) bien cachées dans de profondes forêts ou sur des cimes interdites au prolétariat. Gardées par des forces de sécurité peu amènes, elles permettaient aux vacanciers de régler les problèmes de nominations et de lister les nouveaux privilèges indispensables à la survie de l'espèce. On les nommait « profilaktorium » ou « sanatorium » selon le grade des pensionnaires. À l'époque, le Premier secrétaire, fringant quinquagénaire élu par les octogénaires du Comité central, veillait tout particulièrement à la santé de ses électeurs. Au-delà du sanatorium, le privilège à la mode était le *check-up* et les chirurgies dans les cliniques américaines huppées. C'est ainsi qu'un de ses proches revenait de Dallas (Texas) où il avait subi une opération payée plus de 200 000 dollars par le Comité.

Le contenu des *business jets* transféré au sanatorium de Yam, tout le monde s'installa et attendit avec impatience le dîner du soir qui devait être présidé par le Premier secrétaire. À l'heure dite, tout ce petit monde remplissait la salle à manger et commentait le confort « occidental » vu par les Soviétiques. Ils s'encourageaient mutuellement en se disant qu'il n'y avait pas plus de trois nuits à passer dans ce trou à rats. Le Premier ministre arriva au milieu d'une fantasia de sirènes et de motards. Personnage étrange que j'avais appris à connaître à Paris lorsqu'il avait participé, en tant que ministre des Finances de l'URSS, au tout premier colloque sur la perestroïka. Il annonça qu'il devait assurer le contact permanent avec le Premier secrétaire qui rentrait d'une visite top secret à l'autre bout du pays (et Dieu sait ce qu'un Soviétique entendait par cette expression, le « pays » en question faisant près de 10 000 kilomètres de long). En l'absence de téléphone mobile crypté, le contact se faisait par l'appareil de bord de l'automobile ministérielle, donc à l'extérieur du bâtiment. Bon prétexte pour filer. On ne le revit que par intermittence pour annoncer la progression difficile du Premier secrétaire dans notre direction. Raymond Barre riait jaune.

Pour tuer le temps, plusieurs visiteurs demandèrent à aller faire un tour à pied dans les environs, histoire de voir où ils étaient tombés... De retour au bout d'une petite heure, effarés, ils demandèrent à la cantonade ce que signifiaient toutes ces maisons obscures et décrépies bordant des rues de terre transformées en cloaque par la dernière pluie, qu'ils avaient vues autour du sanatorium. Le Premier ministre éclata de rire : « Comment, ne savez-vous pas que l'Union soviétique est un pays arriéré ? »

Les ministres et les membres du Comité central arrivèrent et le dîner commença dans une ambiance morose, chacun des visiteurs se demandant s'il n'était pas tombé dans un guet-apens. Le Premier secrétaire fit défaut, mais promit une visite pour le lendemain. L'effet vodka effaça la gêne et la soirée se termina dans la bonne humeur.

La journée suivante fut studieuse. Les participants reçurent des témoignages d'une brochette de ministres sur l'état calamiteux de l'économie soviétique, l'accumulation des dettes publiques et la nécessité de libéraliser l'économie pour se débarrasser du fardeau des entreprises déficitaires. La demande d'investissements étrangers était au centre des débats. Les patrons les plus habiles s'aménagèrent des entretiens privés avec le Premier secrétaire et le Premier ministre. Il en sortit, paraît-il, des merveilles, dont j'eus le détail par les Soviétiques, les VIP se regardant les uns les autres en chiens de faïence. De retour à l'aéroport pour récupérer son jet, l'un d'entre eux, peut-être le plus important, eut l'amabilité de me remercier en me confiant que ses affaires avaient plus avancé en une heure que pendant les trois dernières années...

Le maire de Moscou, ravi de l'occasion, en avait profité pour accepter quelques invitations en Europe et aux États-Unis, qui le mirent en orbite comme le cerveau de la perestroïka économique...

J'avais eu l'habileté d'inviter un membre du cabinet de l'Élysée qui, avec Raymond Barre présidant la conférence, avait permis de montrer le drapeau. Les Russes, impressionnés, m'ouvrirent les portes du Kremlin, ce qui fut le marchepied de ma longue carrière en URSS, puis en Russie.

Tout le monde se sépara en se promettant de se revoir. Personne n'imaginait que l'URSS n'avait plus qu'un an à vivre. Seuls les plus hauts dignitaires savaient que la tension entre le Comité central et son Premier secrétaire avait atteint un point de non-retour, mais il suffisait de le changer pour que tout redevienne comme avant !

Premier intermède

Vers un nouveau monde

Libération, 17 janvier 1990

Premières impressions de l'URSS – un monde à reconstruire. La tâche sera rude...

Les échalotes arrivent enfin au ministère des Relations économiques extérieures. En sac de 10 kilos, les fonctionnaires les hissent avec sollicitude jusqu'au cinquième étage, celui de la Direction. Les ascenseurs se parfument de l'odeur douçâtre des petites boules rouges. Un quart d'heure plus tard, chaque sac trône au milieu d'un bureau où secrétaires et chefs de service le caressent de longs regards satisfaits. Le plus clair de l'activité du Soviétique consiste à se procurer le nécessaire et le superflu, à régler des problèmes quotidiens auxquels l'Occidental ne songe même plus. Il faut des heures pour trouver, puis acheter, la plus petite commodité, retenir une table dans un restaurant, louer une place de spectacle. Exaspérante, cette existence au ralenti exige une organisation et un sens de la prévision que la vie privée a fini par dérober au système centralisé qui aurait dû y trouver son alpha et son oméga. L'énergie et l'intelligence individuelles que chacun doit déployer pour vivre sont autant d'éléments qui manquent à une vie collective qui languit, comme à l'époque du marquis de Custine.

*L'appartenance à une « organisation », un ministère ou une société d'État n'a d'intérêt que par les avantages matériels qu'elle procure. Telle facilite l'accès au logement, telle autre, les vacances en Crimée, celle-ci permet d'aller à l'étranger pour y acheter ce que l'on peut revendre à bon prix à l'intérieur, celle-là vous fournit en échalotes. Tout le comportement de l'*homo sovieticus *doit être décrypté au code de l'utilité personnelle. Conditionné, comme son ancêtre du règne d'Alexandre Ier, par un système dans lequel la soumission à la hiérarchie est la vertu cardinale et la dissimulation, la prudence ordinaire, chaque citoyen de cet immense empire, à quelque niveau que le destin l'ait placé, ministre, employé ou paysan kolkhozien, réagit uniformément à des situations identiques.*

C'est ce « pays immobile », extraordinaire fossile du XIXe siècle, qu'il s'agit de faire passer, en une génération, de 1917 à 2017. Contrairement à ce que la plupart pensent, les principales difficultés ne sont pas financières ni technologiques. En effet, le monde développé possède des ressources largement suffisantes pour prendre en main un marché potentiel de 300 millions de consommateurs. C'est une chance historique qui pourrait lui donner les moyens d'amorcer le grand cycle de croissance dont il a besoin après l'épuisement du tiers-monde et la saturation progressive de ses propres sociétés. La nouvelle législation des investisseurs étrangers qui va être promulguée par le Kremlin permet tous les espoirs. Les difficultés ne seront pas technologiques. Les pays de l'Est ont organisé un enseignement technique diversifié et populaire. Il suffit de les aider à mettre à jour les connaissances des ingénieurs et des techniciens qui, hors des secteurs de la défense et de l'espace, sont en retard de cinquante ans sur l'état de l'art. Dix ans devraient suffire pour introduire, dans la génération qui suit actuellement l'enseignement secondaire, les connaissances indispensables pour construire et faire fonctionner les outils de production et de gestion. Nombre de résultats scientifiques originaux attendent dès aujourd'hui des développements industriels. Un fonds d'investissement vient d'ailleurs de se créer aux États-Unis, en association avec l'Académie des sciences de l'URSS pour les trier, puis les industrialiser.

Les principales difficultés seront en fait d'ordre sociologique ou éthique. Tous les dirigeants soviétiques reconnaissent aujourd'hui que leur société doit effectuer en peu d'années une mutation qui touche aux bases mêmes de sa culture, aux constances profondes qui, bien au-delà de 1917, vont chercher leurs racines jusqu'au temps de la domination tatare, il y a sept cents ans. Aujourd'hui, l'interrogation sur la légitimation du stalinisme par le tsarisme cesse d'être une querelle politique pour devenir une question essentielle. En Russie, les tyrans meurent dans leur lit, les despotes éclairés se font assassiner et les libéraux ne gouvernent jamais. Par-delà les siècles, il y a peu de différence entre l'éthique ivanienne et l'éthique stalinienne, ou encore l'éthique pétrovienne et l'éthique gorbatchévienne. En Russie, aux terreurs imposées répondent toujours des soumissions acceptées (souhaitées ?). Aux réformes ordonnées, une pesanteur séculaire.

C'est la perspective dans laquelle il faut placer le comportement actuel des Soviétiques. Le « sommet » assène le XXe siècle à grands coups de discours et d'articles. La hiérarchie commente les propos en en faisant ressortir ce qui lui paraît le plus favorable pour être dans les bonnes grâces du « sommet ». La foule aligne son comportement public sur ces vérités révélées, mais continue d'agir en privé selon ses traditions ancestrales. Dans l'URSS de 1990, on est réformiste sur ordre, et conservateur d'instinct. Le sentiment général est qu'il vaut mieux être pauvres tous ensemble que d'avoir à supporter de « nouveaux riches ». Le collectivisme est tellement ancré dans les esprits et les mœurs que beaucoup de Soviétiques évolués, ouverts à la modernité, redoutent de voir leur pays mis à feu et à sang par des émeutes spontanées si les disparités devenaient trop flagrantes dans un système où la hiérarchie traditionnelle est abolie. Autant, disent-ils, les Russes acceptent l'inégalité engendrée par le « tchin » ou le « parti », autant ils se rebellent contre celle qui leur semble être le fruit de l'anarchie économique (à l'Ouest, on dirait la déréglementation). Résultat : les coopératives, premiers jalons d'une économie libérale, sont décriées, les bureaux incendiés et les dirigeants conspués, les fermes individuelles ne peuvent pas fonctionner faute de semences, d'engrais et d'essence. L'addition de dizaines de millions de ces comportements engendre une société profondément rebelle à l'idée que l'effort individuel puisse être récompensé par l'argent, c'est-à-dire par quelque chose qui échappe à toute classification hiérarchique organisée.

Ni sa tradition historique, qui n'a assimilé ni le capitalisme ni la propriété privée, ni sa culture socialiste, qui se situait aux antipodes, n'ont préparé ce peuple à une économie débureaucratisée. L'URSS doit trouver sa propre voie. Et c'est bien là le vrai drame d'un pays où chaque révolution a été déclenchée par des idées imposées. Il n'y a jamais eu, en URSS ou en Russie, d'idées originales en matière politique, économique ou même religieuse. Ceux qui prêchent pour une radicalisation de la perestroïka économique, comme ceux qui réclament le retour aux bonnes traditions communistes (et donc au bon vieux temps de la stagnation où tout n'allait pas si mal), se trompent en trompant ceux qui les écoutent. C'est sans doute le génie de Mikhaïl Gorbatchev que de l'avoir senti. Riche d'une longue expérience de la Russie profonde, le Président est sans doute l'un des hommes les mieux informés de la planète.

Nombre de personnes de son entourage l'ont convaincu qu'il n'y avait d'avenir ni dans le libéralisme occidental ni dans le panslavisme rétrograde. Parmi ces personnes, on compte ses fidèles amitiés du « Club de Stavropol », Gavriil Popov, le nouveau maire de Moscou, Stanislav Chataline qui, chassé de l'université, dut se faire représentant en fourrures pour subsister, ou encore le jeune Abel Aganbeguian relégué à Novossibirsk pour cause de non-conformisme. Ses voyages incognito à l'Ouest en compagnie de Raïssa ont aussi contribué à l'opinion du Président. Il va résolument vers une Conférence d'États interdépendants à géométrie et à démocratie variables.

La totale absence d'expérience démocratique met le Soviet suprême, comme tous les soviets régionaux, à la merci de toutes les manipulations : on a vu comment de piètres députés, issus d'un système électoral profondément inique, se sont fait grossièrement piéger lors du vote de la réforme constitutionnelle instaurant la présidence impériale de Mikhaïl Gorbatchev. Ils ont voté les pleins pouvoirs en croyant qu'il s'agissait d'amendements ; le vote fait, il était trop tard. N'en déplaise à ceux qui rêvent de conduire l'Europe entière vers la démocratie parlementaire, l'URSS restera un piètre élève – qu'il faudra aider au-delà du raisonnable par crainte du pire.

Deux voies s'ouvrent aujourd'hui au nouveau monarque – la troisième, l'éclatement, fruit d'une démocratie à l'occidentale, étant trop dangereuse pour l'Empire et pour la planète pour être considérée un seul instant. Premièrement, le retour au despotisme traditionnel (qu'il soit panslave ou populiste) de l'État unitaire. Deuxièmement, la marche vers une confédération à géométrie variable garantie par la dépendance économique, par l'armée et par le KGB.

À deux conditions économiques essentielles : que les dirigeants soviétiques cessent de fantasmer sur les exportations qui ne seront longtemps encore que des matières premières et de l'énergie, pour donner la priorité au marché intérieur, l'un des plus gigantesques du monde, et qu'ils acceptent de transférer les ressources consacrées à l'espace et à l'armement (20 % du PIB au moins) vers les productions civiles. Alors, une réglementation habile et positive et un bon climat de stabilité politique régionale seront suffisants : les espaces vierges deviennent trop rares sur la planète pour que l'on puisse se permettre de laisser celui-là dans cet état. Les responsables économiques ont d'évidence encore beaucoup à apprendre. Ils le savent et sont intelligents. Il n'est pas difficile de les aider à améliorer leurs réformes législatives, fiscales et monétaires. Les cadres, de leur côté, se formeront très vite au nouveau credo économique, pour autant que leur sociologie et leur éthique soient respectées et qu'on les laisse s'inventer leur propre univers politique.

Le reste du monde, médusé et inquiet, n'ose intervenir autrement que de la voix et du geste et assiste sans comprendre à un théâtre d'ombres au bout duquel il ne voit plus que misère.

5

Escales au Kremlin

Gorbatchev devant le Comité central, le 9 décembre 1989 :

« *Le premier (atout) est le changement indiscutable d'attitude des Européens de l'Ouest envers notre pays, envers la perestroïka. Naturellement, le doute persiste encore en Europe aujourd'hui sur la façon dont va s'opérer notre développement intérieur. Mais dans l'ensemble, les Européens reconnaissent ceci : la perestroïka constitue une réalité perceptible, qui, non seulement, change notre pays, mais exerce aussi une influence sur tout le reste du monde. On commence peu à peu à mieux comprendre également une autre chose : nous réalisons notre perestroïka selon nos propres principes socialistes. En perfectionnant notre société, en enrichissant notre instrument économique et social de méthodes et de formes nouvelles, nous ne renonçons pas à nos valeurs, mais au contraire, voulons leur conférer un contenu humaniste et démocratique réel. En son temps, après la révolution d'Octobre, notre pays a connu, comme nous aujourd'hui, le renouveau de la NEP qui lui a permis de restaurer rapidement une économie dévastée par la guerre mondiale et la révolution d'Octobre.*

On peut dire en général que nos initiatives dans l'arène internationale ont rendu à l'URSS et à sa politique extérieure la reconnaissance de toute la planète. Elles sont de nouveau perçues comme un facteur de paix, de sécurité et de liberté des peuples. Les approches réalistes des problèmes existants et la prise en compte des intérêts de tous les membres de la communauté mondiale garantissent à ces initiatives une haute efficacité. Tout ceci contribue à la réalisation de la restructuration et crée une base internationale indispensable à son avancement. »

C'était en 1991, au Kremlin, au cœur de l'URSS, dans les vastes bureaux du Secrétaire général du PCUS. La perestroïka faisait rage. Rien à voir avec l'Élysée où, entre le porche et le bureau du président, il y a moins de 100 mètres. À la Maison Blanche, deux cents. Là, 400 mètres. Le moindre bureau fait 200 mètres carrés et les moquettes rouges couvrent des kilomètres de couloirs. Le pouvoir impérial. Je n'étais qu'une pièce rapportée, un tout petit rouage dans une mécanique gigantesque. Mais j'étais là où il fallait être au moment où il fallait y être.

Deux ans déjà que j'étais tombé par hasard dans le chaudron de la perestroïka. La « nouvelle pensée » cheminait depuis quelque temps déjà lorsque je fus contacté par un émissaire du cercle des économistes « libéraux » (oh ! si peu) qui, à travers la nouvelle association des économistes, l'Union internationale des économistes, avatar tardif de la « Société d'économie libre » de la Grande Catherine (vous savez, celle dont Voltaire disait « Catherin je suis, Catherin je mourrai ! »), essayaient de promouvoir l'idée de la désétatisation de l'économie soviétique. Vaste programme qui allait bouleverser un système brejnévien à bout de souffle après avoir tout de même fait de l'URSS, en moins de vingt ans, la seconde puissance de la planète. Un club très fermé de docteurs en économie marxiste avait compris que quand le pétrole ne marchait pas, le marxisme ne marchait plus. Faute de pouvoir agir, ils se régalaient à donner des interviews à des journaux occidentaux, expérimentant le délicieux frisson du risque de construire la « nouvelle pensée ». C'est au cours d'un déjeuner avec le prix Nobel Maurice Allais à *La Grande Cascade* du bois de Boulogne que j'entendis leur chef de file, Stanislav Chataline, déclarer dans un élan de ferveur : « Vous êtes notre maître à tous ! » Or je savais, pour avoir travaillé avec lui plusieurs mois déjà, que sa culture économique ne dépassait pas Ricardo... Mais c'était tellement délicieux ! Wassily Leontief, autre Nobel qui m'avait été présenté à Saint-Pétersbourg, par un inconnu nommé Vladimir Poutine, me dit en confidence, quelques semaines plus tard dans son hôtel de Saint-Germain-des-Prés, qu'il avait entendu le même aveu d'un autre membre du cercle de Chataline.

Bref, il était très *radical chic* d'être un économiste réformateur sous la perestroïka ! Tout ce petit monde (ils étaient six en tout) savourait les délices de la réputation internationale, avec son flot d'interviews et de conférences. Ça les changeait agréablement des couloirs de l'université Lomonossov, bien qu'ils soient, eux aussi, larges et longs. Je sus capter leur intérêt en organisant cette série de conférences sur la perestroïka à travers l'Europe dont j'ai parlé plus haut. Le petit club voyagea entre Bruxelles, Madrid, Paris, Londres à grand renfort de banquets, de réceptions et d'émissions de télévision. Étant devenu irremplaçable, je les convainquis d'inviter des grands patrons en URSS pour entendre la « nouvelle pensée » de la bouche du cheval. Moscou, Saint-Pétersbourg, Kiev, la Crimée (qui venait tout juste d'être cédée à l'Ukraine), Almaty au Kazakhstan nous accueillirent à tour de rôle. Ces petits tours laissèrent un goût bizarre aux Agnelli, Cebrián, aux frères Hunt, aux autres patrons de Makro, Axa, Elf, etc., et aux inévitables banquiers. Fiat, déjà bien installé, en tira, aux dires de Giovanni, des accords inespérés grâce à la proximité avec Mikhaïl Sergueïevitch Gorbatchev. Les Hunt furent séduits par le Kazakhstan et voulurent y faire ce qu'ils savaient faire : trouver du pétrole. Noursoultan Nazarbaïev, qui était le Premier secrétaire du Parti, leur réserva un accueil oriental. Kiev les reçut au garde-à-vous. Ma réputation était faite ! J'étais membre du club et le Kremlin m'ouvrit ses portes. Les réunions qui s'y tenaient n'avaient aucun intérêt si ce n'est de permettre de rapides rapports au Premier ministre Valentin Pavlov et au Chef. C'est ainsi que prit naissance le fameux « Plan des 500 jours » qui devint le leitmotiv de la perestroïka économique pour la Russie. L'idée venait de Chataline. Je lui apportai le renfort de mon approbation (ce qui n'était pas inutile, étant le seul non-Soviétique de l'équipe), et surtout celle de deux prix Nobel, Wassily Leontief et Maurice Allais. Une fois approuvée par le « Centre », c'est-à-dire nous et le Bureau politique qui n'y entendait goutte, nous déclinâmes une stratégie qui, en 500 jours, devait faire passer l'économie russe d'un système étatique à un système socialo-capitaliste. On entra tout de suite dans le dur : les privatisations. Il nous fallait de l'aide.

C'était l'époque où l'Union européenne avait mis au point des accords d'assistance technique avec les pays de l'Est, en déléguant des experts européens aux pays qui le souhaitaient pour faciliter l'abandon de l'étatisme. Ce programme démarrait bien. Au cours d'une réunion dans le bureau de Valentin, à laquelle s'était joint pendant quelques instants Mikhaïl Sergueïevitch, on me demanda d'expliquer en quoi consistait l'assistance technique. Je m'efforçai d'être concis et clair. Je pensais y avoir réussi, lorsque le Chef s'exclama : « J'ai compris, c'est exactement ce que nous faisons en Éthiopie ! » Il me fallut deux semaines pour me relever de ce coup bas !

Le Plan publié en août 1990, il fallut le faire avaler par le Comité central (CCPCUS). Ce ne fut pas une mince affaire et c'est au cours de cet examen de passage que je vis les failles qui se dessinaient entre le « Centre » et le CCPCUS. Les respectables vieillards qui se réunissaient autour d'une table pour écouter Chataline et notre équipe ne comprenaient à peu près rien à notre projet. Ou plutôt si, ils comprenaient que nous voulions retourner au capitalisme. Et ça, ce devait être à leurs yeux l'horreur absolue. Il faut en effet rappeler que le Mur s'était effondré un an plus tôt, et que les pays frères ne l'étaient plus, ce qui exacerbait le sentiment d'encerclement de la nomenklatura soviétique. L'affaire traîna en longueur. En septembre, le Parlement vota en faveur des 500 jours. Nous avion gagné, mais cela n'arrêta pas le cours des choses.

Une fois l'URSS dissoute, le Plan des 500 jours fut repris par l'équipe d'Eltsine avec Gaïdar et Tchoubaïs, que j'avais connus à Saint-Pétersbourg en même temps que Poutine. Tous les trois furent Premiers ministres de Eltsine. Quelques membres de notre équipe les rejoignirent. Ils optèrent pour une version « hard » qui avait, paraît-il, fonctionné en Bolivie (personne n'a jamais vérifié) sous la férule de Jeffrey Sachs, économiste américain qui a désespérément brigué le prix Nobel, mais qui a contribué au déclin de plusieurs pays, dont la Russie, grâce à sa théorie de la « thérapie de choc ». Cinq cents jours, c'était trop long !

Mais nous n'en étions pas là ! Mon plaidoyer en faveur d'une assistance technique européenne adaptée à la puissante Union soviétique, sans préjuger de la poursuite de celle qui était offerte à l'Éthiopie, fut assez convaincant pour que Valentin Sergueïevitch me demande de préparer une lettre à Jacques Delors. En soi, c'était une grande première, l'URSS n'ayant jamais voulu communiquer avec Bruxelles qui, pour elle, n'était pas un « sujet » de la scène mondiale. La lettre faite, mise en bon russe et signée, me fut délivrée pour que je la remette en main propre. Elle fut accueillie au Berlaymont avec un mélange de satisfaction et de scepticisme. La réponse en forme d'invitation me fut apportée rapidement et mes amis furent impressionnés par la réactivité de Jacques Delors. Il est vrai que les portes m'avaient été largement ouvertes par Raymond Barre qui rêvait de faire parler de lui après ses mésaventures électorales.

Quelques semaines plus tard, j'eus le privilège d'assister à l'atterrissage d'un gigantesque avion soviétique à l'aéroport de Zaventem. À son bord, mon ami Valentin Sergueïevitch, sa femme Valentina et une armée de conseillers. Le cortège de voitures s'achemina vers l'ambassade. La réunion du lendemain fut mémorable. Le premier accord entre l'URSS et ce qui était alors la CEE fut signé dans la foulée et je fus l'heureux bénéficiaire des trois premiers projets. Les choses se compliquèrent pour moi lorsqu'apparut dans le circuit un personnage inimitable, mais extraordinairement sympathique, avec lequel j'eus de multiples aventures en Afrique et en Indonésie grâce à un descendant de maréchal d'Empire. Sur sa carte de visite : Banque Lazard. Sur son papier, les multiples blasons de ses ascendants, tous plus prestigieux les uns que les autres. Enfin, bref, le culot d'un Murat. Il emporta Bruxelles d'un coup de sabre et se mit au milieu du jeu pétrolier. La prise fut brève, car les fonctionnaires européens furent vite découragés par ses factures impériales. Je pus donc poursuivre mon bonhomme de chemin et me retrouvai, quelques années plus tard, à la tête d'un très beau tableau de chasse. Mais Mikhaïl Sergueïevitch avait depuis longtemps quitté la scène mondiale, et c'est une autre histoire. Et tout le monde avait oublié le Plan des 500 jours !

6

Visite de la salle des machines

La perestroïka avait son centre à Moscou, sur le Prospekt Tverskaïa, pas très loin de la place Maïakovski, où le premier McDonald's était en train d'ouvrir, entraînant toute l'Union soviétique dans la course infinie à la sous-culture de la modernité.

C'est à peu près à ce moment-là que je fus introduit dans le saint des saints de la révolution économique qui se profilait. On savait à l'Ouest qu'il y avait une brochette d'économistes soviétiques qui planchaient sur la fin de l'économie obéissante et le passage progressif à une économie de marché bien sociale. Des noms circulaient sous le manteau.

Il y avait le précurseur, caucasien, gros homme prétentieux dont la réputation avait été faite par la diaspora de son pays aux États-Unis. Ses articles étaient carrément libéraux et prêchaient pour des mesures de désétatisation extrême. Il ne cachait pas sa hâte de pouvoir enfin mettre les mains dans le cambouis capitaliste pour tirer son épingle du jeu. Son heure de gloire sonna en 1982, grâce à un article paru, avec la bénédiction du Comité central du PCUS. Pour la première fois, on donnait un statut quasi officiel à un discours réformiste sur la restructuration de l'économie soviétique. Quittant Novossibirsk, il devint membre dirigeant de l'Académie des sciences de l'URSS en 1985. Son livre sur la perestroïka économique eut un grand écho aux États-Unis. Cette déclaration publique lui valut d'être nommé conseiller économique de Mikhaïl Gortbatchev en 1985. La chute de ce dernier et la dissolution de l'URSS lui permirent de réaliser son rêve caucasien : faire fortune. Il choisit l'immobilier, en mettant sur le marché les terrains de l'Académie des sciences dont il est toujours un membre éminent et productif. Le résultat est saisissant. Une super La Défense en plein cœur de Moscou.

Leur chef de file était professeur dans la plus prestigieuse université moscovite. Petit homme rondouillard, il promenait sa modeste silhouette dans les congrès internationaux en y tenant des propos tout à fait conformistes sur la nécessaire mutation de l'économie soviétique pour la rendre concurrentielle et diversifiée. Il dériva vers la politique et son élection en tant que premier maire de Moscou l'éloigna du projet.

Il y avait le « Pasteur », Abalkine, professeur empesé élevé à la bouillie marxiste-léniniste. Lui aussi lisait les articles des grandes revues économiques américaines pour en extraire des idées. Bombardé en 1989 vice-président du Conseil des ministres de l'URSS, il a été le politique chargé de la mise en route du « Plan des 400 jours », première ébauche du Plan des 500 jours déjà nommé, prévoyant la désétatisation de l'économie, la libération des investissements étrangers, la liberté des prix, la création d'un marché financier. Il se trouva vite dépassé par Gorbatchev à qui il ne plaisait pas. L'habitude bien soviétique d'avoir toujours deux fers au feu prit le dessus. Pendant que le Pasteur défendait son plan, le bon était élaboré en secret par l'Académie des sciences sous la houlette de Stanislav Chataline, conseiller spécial du président pour la perestroïka économique.

Parfait clone intellectuel du Pasteur, il n'en avait pas moins une réputation flatteuse dans les cercles du pouvoir soviétiques, ayant conseillé de nombreux ministres des Finances sur l'orthodoxie marxiste en matière économique. Cet homme fluet dégageait un charisme inhabituel dans les cercles de la nomenklatura. Soupe au lait, coléreux, volontiers provocateur, il présentait l'avantage d'être parfaitement obéissant aux voix de ses maîtres. La « nouvelle pensée » ne l'avait pas pris de cours. Son premier mouvement fut de reprendre contact avec les économistes libéraux les plus célèbres. Ses entretiens avec Maurice Allais, qu'il aborda à Paris en lui faisant allégeance (« Vous êtes notre maître à tous ! »), sont des morceaux d'anthologie. Il réunit une petite équipe pour faire concurrence au Pasteur. Son principal collaborateur, futur premier ministre et éternel opposant de Vladimir Poutine, raconta l'histoire du projet dans un livre intitulé *Le Plan des 500 jours*. Un Français les rejoignit, pour assurer les *inputs* internationaux en provenance de Bruxelles, New York, Londres et Paris. Les 500 jours envoyèrent les 400 jours dans l'oubli. Ce qui sortit de tous ces travaux était bien fichu, tenant compte du point de départ (« l'économie obéissante ») et du but fixé : une économie libérale bien encadrée par l'État. Les questions cruciales des privatisations et du système bancaire étaient traitées avec lucidité, le groupe ayant bien compris que tout laxisme dans ces domaines pourrait conduire à une appropriation sauvage de l'économie « rentable » par des « robber barons », sur le modèle de ce qui s'était passé aux États-Unis à la fin du XIXe siècle. Déjà le « novi richi » sévissait avec fureur à travers les premiers balbutiements de l'économie de marché timidement ébauchés depuis 1980. On voyait bien que les loups étaient aux portes et qu'il fallait les empêcher de mettre la main sur les joyaux de la couronne soviétique.

L'équipe était peu nombreuse. Les collaborateurs directs se comptaient sur les doigts des deux mains. Peu loquaces, ils étaient inaudibles. Peu imaginatifs, ils passaient au mieux pour des faire-valoir du président, au pire pour des amuseurs publics chargés de faire croire à l'Occident que les choses allaient changer et que le capitalisme mettrait le pied dans l'une des principales forteresses de la « pensée collectiviste ». Ils avaient en commun de n'avoir jamais travaillé en Occident et de n'en connaître que la version télévisuelle, « made in Hollywood ».

À Tverskaïa, on pouvait croiser les grands personnages de la démocratie encore balbutiante de l'URSS de Gorbatchev. Ils venaient plus respirer l'atmosphère du lieu que discuter des hypothèses de travail et des modèles utilisés. Stanislav Chataline prenait soin de les tenir au courant des grandes étapes de rédaction du Plan. Valentin Pavlov, le Premier ministre, lui témoignait beaucoup d'estime pour essayer de s'en faire un allié dans son numéro d'équilibriste. Il avait acquis la pratique des modèles dans son job de président du Comité des prix et était l'un des seuls, avec le maire de Moscou, à pouvoir dialoguer. Encore eût-il fallu qu'ils en aient le loisir. Leur temps était trop occupé à éteindre les conflits permanents entre le président et le Comité central. Le maire, premier élu démocratique de l'URSS, était devenu une vedette internationale et passait le plus clair de son temps à répondre aux invitations de ses homologues, les maires des grandes et moins grandes capitales de la planète.

Les instituts de mathématiques étaient régulièrement consultés pour fournir des modèles économiques qui n'avaient encore jamais été utilisés, mais dont on savait qu'ils avaient été mûris des années auparavant dans l'ombre protectrice d'Akademgorodok en Sibérie et de l'Académie des sciences de Moscou par de jeunes surdoués. Ceux-ci savaient bien qu'ils ne grandiraient pas dans l'étouffoir idéologique de l'ère Brejnev et qu'il fallait que tout change pour que la « patrie soviétique » ait une chance d'exister au XXIe siècle.

Quelques ministres, anciens élèves du maire, avaient du mal à trouver le point d'équilibre entre les travaux d'Abalkine et ceux de Chataline. Ils écoutaient donc les synthèses de Chataline et sortaient de là en ayant l'impression d'être un peu plus intelligents qu'en rentrant. Mais, une fois le grand portail de Tverskaïa refermé, bien au chaud dans leurs Volga, ils se laissaient glisser dans une douce somnolence qui leur épargnait l'effort d'avoir à se souvenir de quoi que ce soit. Cette parfaite schizophrénie devait leur être fatale.

Le reste du personnel politique était bien incapable d'y comprendre quelque chose.

Le Plan des 500 jours essayait de tenir l'équidistance entre les tentations capitalistes d'Abel Aganbeguian et le « socialisme à visage humain » d'Abalkine. Chataline et son équipe savaient pertinemment que le premier aboutirait à un immense pillage et que le second ne ferait que reculer la date de ce pillage qu'il rendrait incontournable et encore plus brutal. Chataline se voulait respectueux d'une population habituée à la simplicité et à l'égalité, contreparties nécessaires à la profonde sécurité que leur avait apportée le système brejnévien. Nous craignions particulièrement les groupes informels constitués des patrons des grandes unités économiques sectorielles, à commencer par les pétroliers, ainsi que les satrapes régionaux qui pouvaient mettre la main sur les structures industrielles sous leur contrôle. La collusion de ces nomenklaturistes avec les hiérarques de la Gosbank pourrait en effet mettre les grandes unités industrielles stratégiques à la merci d'une poignée de prédateurs et déclencher des réactions imprévisibles dans la population. La question de la gestion de la masse monétaire et de la future et nécessaire convertibilité du rouble faisait l'objet de toute notre attention, un dérapage des prix pendant la période de transition pouvant mettre à mal tous les autres aspects de la réforme. La blague que l'on me ressortait constamment en disait long sur nos objectifs : « Savez-vous quel est le seul régime socialiste qui ait réussi sur la planète ? La France ! » Nous étions alors en pleine période mitterrandienne, avec toutes ces nationalisations suivies de privatisations qui avaient fait la fortune des banques d'affaires, faute d'avoir fait celles des actionnaires et de la population. Celle-ci avait vu avec effarement se succéder des coups de bélier dont l'habillage idéologique cachait mal une débauche de connivences électives de bas niveau. À Moscou, tout le monde était au courant, mais on trouvait cela très français, donc très excitant. En un mot comme en cent, le Plan des 500 jours devait conduire au modèle français de collusion/compétition entre État et économie. C'est ce qui éclata au grand jour lors de la rencontre historique entre Chataline et Allais à Paris.

La compétition entre les trois étalons de la science économique soviétique, tous trois commissionnés par un des pouvoirs dominants – Comité central, parti et gouvernement –, n'étonnait personne, pas plus les intéressés que les spectateurs. C'était, répétons-le, une pratique constante du système d'avoir toujours plusieurs fers au feu pour choisir *in fine* la solution qui réunirait les acclamations de la nomenklatura. C'est Sakharov qui a raconté dans ses mémoires l'histoire de la bombe H soviétique. Il dirigeait un centre chargé de la conception et de la construction de l'arme suprême qui n'avançait pas aussi vite que le souhaitait Staline. Il apprit « par hasard » qu'une autre équipe travaillait en parallèle sur la mise au point d'un engin similaire.

Le plan Aganbeguian fut rejeté comme trop « capitaliste ». Celui d'Abalkine, trop socialiste. C'est ainsi que le Plan des 500 jours devint le credo de la mutation économique qui se profilait. Chataline triomphait. Notre équipe, très modeste, avait travaillé d'arrache-pied pendant un an dans des locaux divers. Tverskaïa, terrain neutre, était réservé aux synthèses d'étape et aux confrontations périodiques entre les trois leaders. Le bâtiment était (est toujours) le siège de la Société d'économie libre. À partir du moment où le Plan des 500 jours fut officialisé, Chataline, devenu conseiller économique spécial de Mikhaïl Gorbatchev, s'installa au Kremlin et le travail de mise en route de la nouvelle donne légale et juridique se fit là. Tous les corps intermédiaires furent affreusement vexés et Chataline reçut plusieurs menaces de mort. Sa femme, qui veillait avec amour sur sa santé chancelante, devint très inquiète et obtint une protection rapprochée. Leur petit logement dans un HLM du centre-ville fut interdit aux personnes extérieures.

Le volet le plus politique du plan était celui des privatisations et des investissements étrangers. Un petit état-major sous la direction d'une remarquable économiste, la seule à parler correctement anglais, s'occupait de ces deux questions, au centre de la propriété d'État. Il migra discrètement à la mairie de Moscou, contrôlée par les réformistes depuis l'élection de Gavriil Popov, collègue d'université de Chataline.

Le plan Chataline fut mis à mal par la présidence Eltsine qui, conseillée par Jeffrey Sachs, jouissant de l'imprimatur de la CIA, se lança dans une « thérapie de choc » qui acheva de mettre à terre une économie déjà bien mal en point. Le tout sous les acclamations des pays occidentaux qui, voyant affluer des capitaux russes, n'en croyaient pas leurs yeux. En cinq ans, toute la partie monétisable de l'industrie russe se retrouva dans les banques anglo-saxonnes. Les ingérences supposées des Russes dans la politique américaine d'aujourd'hui sont bien innocentes en comparaison du tsunami et du pillage organisés dans les années Eltsine par le bon professeur Sachs. Les plus réalistes des politiciens russes obtinrent son renvoi à son alma mater de l'Ivy League. Le « Pasteur » Abalkine fut chargé de recoller les morceaux. Mais c'était trop tard. Il n'en reçut pas moins le prix Kondratiev de l'Académie des sciences de la Russie pour un essai sur « L'autodétermination de la Russie ».

Deuxième intermède

In memoriam Maurice Allais, prix Nobel

Le dîner du bois

La Jaune et la Rouge, janvier 2011

Je ne sais rien de plus enchanteur qu'un dîner à La Grande Cascade *au creux de l'été parisien. Mes hôtes : Maurice Allais, tout auréolé de son récent Prix Nobel et Stanislav Chataline, conseiller spécial du président Gorbatchev pour le « Plan des 500 jours ».*

Nous sommes au top de la perestroïka : l'URSS change de cap. Mikhaïl Gorbatchev est à la manœuvre et s'occupe du Comité central... Enfin, il est censé s'en occuper, mais trouve bien plus distrayant de parcourir le monde en « global leader » cherchant la société de ses pairs. La réforme économique est en chantier, entre les mains d'une poignée d'économistes libéraux menée par Stanislav Chataline, professeur à l'université de Moscou et chef de file des réformistes. Les hasards de la vie me trouvaient associé aux travaux de cette petite équipe et nous avions lancé, un peu imprudemment sans doute, l'idée du « Plan des cinq cents jours », réminiscence du New Deal. Il s'agissait, ni plus ni moins, de réformer l'économie soviétique en cinq cents jours ! La formule était, en soi, une révolution. Mais elle était bien dans les mœurs des apparatchiks qui raisonnaient toujours selon le paradigme du Plan et de ses marches forcées. En tout cas, elle avait été validée par le président. J'avais proposé de prendre l'avis de notre prix Nobel et, qui sait, de l'associer à nos travaux.

Le Maître était arrivé de bonne humeur, quoiqu'un peu méfiant. Son épouse s'assura que j'avais bien suivi ses recommandations diététiques, et, rassurée, se fit élégamment discrète. Stanislav, très ému, essaya de dire quelques mots en français, puis laissa le champ libre à l'interprète. Les présentations faites, on entra dans le vif du sujet. La description de l'état de nos travaux l'intéressa. Maurice Allais avait depuis longtemps ses idées sur cette étape, qu'il avait toujours jugée inévitable. Il approuva notre dispositif de privatisation progressive de l'économie soviétique, commençant par les industries de biens de consommation et la distribution. Il fut d'accord avec notre programme de développement de l'initiative privée au sortir des universités et de écoles professionnelles. Il nous mit en garde contre la tentation de laisser les industries stratégiques trop longtemps sous la tutelle de l'État. Il nous fit part de son inquiétude de voir fleurir des pocket banks *à la faveur d'une législation bancaire trop permissive. Il fut inflexible sur le libre-échange. Ses recommandations en matière de politique sociale rejoignaient les nôtres. Enfin,* last but not least, *l'équilibre budgétaire, passant par une réforme fiscale absolue et la baisse des dépenses militaires en dessous de 10 % du PNB, lui paraissait indispensable. Il savait que l'état de délabrement* de l'outil industriel rendrait l'URSS dépendante, et pour longtemps, des matières premières, et il nous incita à moderniser l'industrie grâce à des ressources alimentées, en partie, par des prélèvements sur les exportations de produits de base et une ouverture rapide aux investissements étrangers.

Maurice Allais semblait avoir été en URSS au moins une fois, mais il refusa de nous en donner le détail. Sous l'œil vigilant de sa compagne, il fit honneur au dîner. Ébahi, Chataline écoutait la master class et prenait des notes comme un étudiant. Le dîner se termina en apothéose quand le Maître, ignorant la mine courroucée de sa compagne, accepta l'invitation à venir à Moscou rencontrer notre équipe et s'entretenir avec le président. La soirée n'était pas très avancée, mais Madame ne laissa rien au hasard : la voiture emporta le Maître avant qu'11 heures ne sonnent. « C'est notre maître à tous ! », s'exclama Stanislav, enthousiaste de pouvoir compter sur les conseils d'un second prix Nobel (avec Leontief depuis toujours acquis à la réforme).

Le voyage n'eut jamais lieu. Quelques mois plus tard, Valentin Pavlov, le Premier ministre, pourtant un ami très proche, s'engage, à mon insu, dans un complot picaresque avec des apparatchiks du KGB et des « services ». Boris Eltsine, ennemi juré de Gorbatchev, intronisé sauveur de l'URSS par les médias, a l'idée de retirer l'échelle du président en annulant l'acte fondateur de l'URSS, prenant de facto la tête de la Russie. Ce fut la première révolution orange. Dans les fourgons des Services américains, Jeffrey Sachs arrive, auréolé du succès bolivien de la « thérapie de choc ». Notre équipe, qui n'a plus accès au pouvoir, se disperse, les uns retournant à l'enseignement et les autres se lançant dans les affaires. Quelque temps après, Gavriil Popov quitte la Mairie *de Moscou. Stanislav, depuis longtemps de santé fragile, disparut quelques années plus tard.*

Maurice Allais observait tous ces changements avec inquiétude. La « thérapie de choc » lui paraissait, comme à nous, la pire des choses et il ne se privait pas de le dire. Un libéralisme échevelé prenait le pas sur son libéralisme raisonné. Il engendra les monstrueux « oligarques », héros des komsomols auxquels les privatisations anarchiques livrèrent des pans entiers de l'économie russe basés sur les matières premières et, par conséquent, le contrôle des ressources extérieures du pays. Le principe de « privatisation des profits et nationalisation des pertes », énoncé par leur précurseur, Boris Berezovski, fonctionna à plein régime sous la direction débonnaire de l'équipe Eltsine qui se servit copieusement au passage. Les hasards de la vie voulurent que le « tsar Boris » devenu inapte passe la main le 31 décembre 1999 à un collaborateur moins commode qui siffla la fin de la récréation. Pour faire un exemple, Fouquet-Khodorkovski fut jeté dans les cachots d'un Pignerol sibérien. Mais le mal était fait.

Maurice Allais savait que l'ère Eltsine finirait mal et que la Russie mettrait des années à s'en remettre. Il avait, encore une fois, vu juste.

7
Dans la chapelle du paquebot

Les premiers Slaves sont convertis au christianisme en 850 par deux frères moines grecs, Cyrille et Méthode, envoyés en éclaireur par l'empereur romain d'Orient Michel III et le patriarche de Constantinople, Photius. Quelque cent quarante années plus tard, Vladimir, prince de Kiev, d'origine viking, demande le baptême à des prêtres grecs après la conversion de sa fille Olga à Constantinople. Le choix du christianisme oriental n'est pas dû au hasard. En 986, Vladimir se persuade qu'il faut abandonner le paganisme nordique pour passer au monothéisme. Il convoque de hauts représentants des trois religions et prend du temps pour les questionner sur leur foi. Après l'entretien avec des musulmans de la Volga, il considère que l'on ne peut imposer la circoncision aux Russes, ni le régime sec (car, dit-il, boire est le bonheur des Russes) ni la diète de porc. Exit les imams. Il convoque les juifs et, ayant appris comment ils avaient perdu Jérusalem, conclut qu'ils n'ont plus l'appui du Tout-Puissant.

Pas très sûr de lui, l'année suivante, il envoie des délégations dans les centres islamiques. La délégation revient de chez les musulmans de la Volga en déclarant : il n'y a pas de joie parmi eux, seulement de la tristesse et de la puanteur. Les visiteurs des centres religieux occidentaux rapportent que les lieux de culte sont moches (on n'avait pas encore inventé le style roman). La délégation de retour de Constantinople vante la beauté de la cathédrale Sainte-Sophie et la splendeur du rituel grec : « Nulle part au monde, il n'y a un autre lieu qui ressemble plus au paradis. On ne sait plus si l'on est sur la terre ou dans les cieux. » Il demande la main d'une sœur de l'empereur Basile II, Anna Porphyrogénète. C'est ainsi qu'en 987, tout le peuple de la Rus de Kiev reçoit l'ordre de se rendre au bord du Dniepr pour y être baptisé. Ceux qui refuseraient seront considérés comme des ennemis du prince. Et voilà pourquoi, en 2019, la Russie respecte le rite orthodoxe, au grand dam de Rome. Clovis, quelques siècles plus tôt, avait fait le « bon choix » ! Il est vrai qu'il n'avait pas fait le voyage de Constantinople et ne savait pas ce qu'était le paradis sur terre.

Cette conversion a marqué pour toujours le christianisme russe.

En 1991, je suis hébergé pendant plusieurs mois par le patriarcat de Moscou, au monastère Danilovski. La grande cathédrale du Saint-Sauveur n'avait pas encore été reconstruite sur les ruines de la piscine olympique qui, jadis, l'avait remplacée. L'Église ressuscite sans bruit, comme abasourdie par ce qui lui arrive, par ce miracle qu'elle attend depuis quatre-vingts ans. Le monastère bruisse des frôlements des robes noires qui courent dans tous les sens, le long d'interminables couloirs et de réfectoires surdimensionnés. Une aile est transformée en hôtel pour les nombreux visiteurs étrangers qui se pressent chez le patriarche de toutes les Russies. Le hasard m'ayant mis en contact avec quelques hiérarques, j'ai ma chambre. Le confort occidental permet d'oublier un peu les sordides « palaces » communistes qui ne sont pas encore modernisés. La table est soignée, bien tenue par des moinillons pleins de zèle qui veulent toujours mieux faire. Bref, l'hôtel du Danilovski est un havre de paix, de confort et de bonne chère. Mais le plus fascinant, ce sont les contacts. La clientèle est essentiellement religieuse, en provenance du monde entier. La plupart sont des clercs envoyés par leurs églises pour négocier des accords d'échange de services, de formations, de stagiaires. En quelques années, le patriarcat est devenu une réplique du Vatican au sein de l'Empire soviétique. Toute la chrétienté veut être témoin de cette résurrection et de la non moins étonnante reconstruction qui se poursuit. Les instituts de théologie rouvrent, sont pris d'assaut et manquent de tout, à commencer par les professeurs. Les églises en ruine sont reconstruites par des paroisses qui sortent du néant. Les candidatures au sacerdoce se multiplient. Les églises font le plein. Les œuvres sociales redémarrent, hôpitaux, orphelinats, écoles, maisons de retraite. Les rares artisans d'art byzantin croulent sous les commandes qu'ils exécutent souvent bénévolement. Les monastères et les couvents rouvrent leurs portes. Bref, l'Église orthodoxe est de nouveau debout, en pleine renaissance après une traversée du désert de huit décennies. Elle a l'élégance de traiter ce petit siècle comme une parenthèse dans son existence millénaire, sans un mot de reproche ni de regret. L'État lui remet ses anciennes cathédrales et ses vieilles églises transformées en n'importe quoi. Les paroisses se reconstituent et, en dix ans, tout a repris malgré deux générations d'obscurantisme religieux.

Les outils à la disposition des prêtres sont inadaptés à la modernité, mais les fidèles s'y mettent avec ténacité. L'Église russe a toujours eu un grand décalage avec l'époque. Au début du XIXe siècle, le tsar, impressionné par la victoire de Borodino et la retraite des envahisseurs français, voulut rendre grâce à Dieu pour ce miracle. Il demanda au prince Galitzine de lui offrir une bible pour améliorer sa connaissance de la foi chrétienne. Ce dernier lui remit l'exemplaire utilisé dans la liturgie. Quelques jours plus tard, le tsar, qui revoyait le prince, lui dit qu'il ne comprenait rien à ce texte, en vieux slavon. Il lui demanda une version moderne. Le prince partit à la recherche d'une version lisible, n'en trouva pas, et de guerre lasse, revint avec une bible… en français, que le tsar put lire sans difficulté. Quelque temps plus tard, il demanda au prince de mettre au point une bible en russe moderne. C'est ainsi que naquit la Société biblique russe qui mit une dizaine d'années à retraduire la Bible à partir de l'hébreu et du grec… et plus de cinquante ans à convaincre l'Église de l'utiliser. Sorties des catacombes, les églises de 1990 n'avaient que ces textes à leur disposition, dans la langue du XVIIIe siècle. Presque aussi incompréhensible que le slavon. Une nouvelle traduction, en russe d'aujourd'hui, a été achevée en 2000. Elle a toujours autant de difficultés à se faire adopter par l'Église du XXIe siècle.

Tout ça pour dire que l'Église russe a les défauts de ses qualités. Sa résilience frôle la rigidité. Chaque fois que la conversation tombe sur le sujet, la première remarque est toujours : « L'Église est le dernier recours de la Russie ! » La seconde : « Quand les Allemands menaient le siège devant Moscou, Staline a appelé l'Église à la rescousse et s'est adressé aux Soviétiques sous l'expression inimaginable dans sa bouche, bien qu'il ait fait ses classes au séminaire de Tbilissi, “ Frères et sœurs... ” » La troisième remarque, c'est que le patriarcat est riche et favorise trop le « business », pour être encore plus riche. Le contenu de la foi chrétienne est prudemment passé sous silence. La filiation byzantine est fièrement assumée : c'est elle qui a construit le césaropapisme qui a été une constante de l'État russe, comme d'ailleurs de l'État soviétique qui, pendant qu'il persécutait l'Église, n'avait de cesse de se servir du patriarcat de Moscou et de sa hiérarchie squelettique pour surveiller les rares fidèles qui bravaient les interdits communistes. Les tsars ont constamment copié les empereurs de Constantinople qui exerçaient à temps plein la fameuse « symphonie », manière orientale de parler de l'alliance du sacerdoce et de l'Empire. La grande différence avec l'Europe est qu'ils ont constamment côtoyé des peuples rebelles au christianisme qu'ils ont malgré tout domestiqués : Tatars, Kazakhs, Ouzbeks, Azéris. Cette coexistence s'est révélée pacifique, une fois l'allégeance au tsar bien établie. Si la Grande Catherine a éprouvé le besoin, une fois la mer Noire septentrionale conquise, d'exiler les Tatars et de la repeupler de Grecs orthodoxes du Pont, soumis aux Ottomans, c'est davantage pour des raisons de sécurité que d'islamophobie. Les Tatars, comme les Cosaques et les Caucasiens, sont d'ailleurs devenus de fidèles sujets du tsar. L'orthodoxie est donc la seule branche du christianisme qui a coexisté pacifiquement avec l'islam à l'intérieur de ses frontières. Les patriarches n'ont jamais essayé de convertir par la force, et les musulmans, dans les régions où ils sont majoritaires (et qui sont aujourd'hui des républiques autonomes, membres de la Fédération : Tatarstan, Bachkortostan), n'ont jamais tenté d'imposer leur religion aux chrétiens. Les symboles de cette coexistence sont les grandes silhouettes jumelles des cathédrales byzantines et des mosquées à la turque (c'est-à-dire également byzantines) de Kazan et d'Oufa. Les responsables de l'Église russe rencontrés au hasard de mes séjours à Danilovski ne m'ont jamais paru stressés par ce pacte implicite avec la laïcité. Les officiels se montrent fréquemment aux offices de la cathédrale du Saint-Sauveur. Les métropolites se rendent volontiers dans les palais de la Fédération. La « symphonie » fonctionne et tout le monde en est heureux. Les fidèles, eh bien, ils sont comme les fidèles de toutes les religions ! Ils sont là quand on les appelle, quand il y a des grandes fêtes, et pour les grands événements de la vie. La fréquentation dominicale reste mesurée. Mais, après avoir fortement augmenté durant la libéralisation, elle ne diminue pas. Les candidats à la prêtrise sont nombreux, mariés pour la plupart. Les anciens ont tous des familles nombreuses. Seuls les évêques doivent rester célibataires. C'est dire que la proportion d'homosexuels y est particulièrement élevée. C'est connu et toléré à condition de ne rien afficher. La « symphonie » oblige l'Église à prendre en main des tâches qui, ailleurs, seraient régaliennes, comme la responsabilité des orphelinats, les secours aux SDF, certaines maisons de retraite et certains hôpitaux. Dans l'immensité de la Russie, les hameaux isolés pourvus d'un prêtre lui confient des tâches municipales. Bref, l'Église est redevenue un élément important du lien social.

Sur le plan extérieur, l'État et l'Église font malle commune. Les initiatives du Kremlin en direction de Rome sont coordonnées avec celle du dialogue entre le catholicisme romain et l'orthodoxie. Les froissements aux frontières de l'Empire sont autant religieux que nationaux. J'ai souvent discuté de cette question avec les responsables des deux parties et n'ai pas été surpris de trouver les mêmes arguments, parfois énoncés dans un ordre différent, mais finalement avec des impératifs très similaires. Les zones de turbulence sont, la plupart du temps, des zones où le christianisme est majoritaire, mais où Rome et Moscou se disputent le leadership. L'exemple le plus flagrant est l'Ukraine, qui a été au cours des siècles un champ de compétition entre catholiques et orthodoxes. Il y a en Ukraine une Église dite « uniate », c'est-à-dire orthodoxe-catholique soumise à Rome, où les rituels sont ceux de l'orthodoxie, avec allégeance à Rome (qui accepte sans difficulté des prêtres mariés et pères de famille). Il y en a une autre, purement ukrainienne, et une troisième, d'obédience moscovite. Les différends politiques sont toujours doublés de différends religieux. L'indépendance de l'Ukraine en 1991 a évidemment envenimé la situation, entraînant une véritable guerre de religion, pacifique, mais enflammée. Ce qui était querelle de moines est devenu conflit social et régional. L'octroi en 2018 par Constantinople du statut « autocéphale » à l'Église orthodoxe ukrainienne qui, à l'époque tsariste comme à l'époque soviétique, dépendait de Moscou, a créé un véritable traumatisme à Danilovski. Sa fonction impériale s'est dissoute dans la foulée du naufrage de l'Union soviétique, avec le respectueux retard de trente ans dû à une Église qui a toujours suivi et jamais précédé les tournants de l'histoire russe.

Sur le premier pont du gigantesque paquebot URSS, la chapelle était petite, peu fréquentée, surveillée, mais elle existait et servait à la demande. Elle en avait vu d'autres ! Rescapée, elle est devenue cathédrale, à l'image de Saint-Sauveur, reconstruite sur une piscine. Quatre-vingts ans de persécution n'ont pas altéré son énergie ni empêché qu'elle trouve sa foi. Aujourd'hui, elle explose, alors que les églises agonisent en Europe. La Constitution lui a restitué son rôle séculaire. Elle a le triomphe modeste de la troisième Rome, illustré par Danilovski.

8

Dans la salle à manger des « première »

On ne déjeune pas n'importe où quand on est apparatchik en chef.

Il y a des lieux discrets pour les entretiens confidentiels. Le Premier ministre me gardait volontiers dans sa salle à manger du Kremlin quand il voulait parler des missions semi-officielles qu'il me confiait ou des châteaux en Espagne qu'il espérait bien posséder rapidement. Là, c'était l'ancien régime. Tout était lourd. Les chaises quasi inamovibles sans l'aide d'un laquais en uniforme. Les verres épais sur leurs pieds assez lourds pour ne pas risquer de les renverser : les pattes russes sont parfois maladroites. La porcelaine de Lomonossov volumineuse avec des émaux bleus d'une uniformité qui les rendait banals. Les couverts d'argent auraient pu être confiés à des ours pour qu'ils se curent les dents. La table croulait sous les victuailles dont les reliefs devaient faire le bonheur de la valetaille communiste. Le grand avantage de ces collations de travail : elles pouvaient être absorbées rapidement si on savait se restreindre sur la vodka que Gorbatchev avait d'ailleurs interdite officiellement, mais dont le Premier ministre ne pouvait pas se passer. Comme on se l'imaginera volontiers, il y avait les déjeuners avec et les déjeuners sans lui. Je préférais les seconds, mais ils étaient rares. Pavlov était un homme avide de savoir comment on vivait à l'Ouest. Il s'était construit là-bas un univers idéal où tous les défauts qu'il critiquait en Union soviétique étaient sublimés en qualités. Son projet était simple et il avait essayé de m'embaucher pour le préparer. Son âge lui permettait d'espérer une longue vie après le Kremlin, le poste suprême ne l'intéressant pas. Il se voyait volontiers à Londres, New York ou Paris au début du XXIe siècle, menant une vie de grand-duc moderne. Et il s'était mis dans la tête que je m'en occuperais. Comme j'avais besoin de lui pour faire adopter le Plan des 500 jours par la Douma où il avait pas mal d'amis, je me gardais bien de le contredire. Alors, il m'avait intégré à son rêve. Les seuls moments où ça devenait gênant étaient les moments d'ébriété où il pouvait dire absolument n'importe quoi. Avec le recul du temps, je n'ai jamais trouvé de réponse à la question de ses promotions éclair. Comment un tel homme, à cet âge et avec tellement d'insuffisances intellectuelles et physiques a-t-il pu grimper en trois ans de directeur des Prix – une fonction reposante en Union soviétique où le job consistait à fixer une fois par an les prix de tous les produits disponibles sur le marché national. Ceci fait, on pouvait partir à la datcha… – à Premier ministre de l'URSS, un titre nouveau qu'il étrenne en janvier 1991, à 54 ans, pour en être déchargé en août de la même année, après la dévaluation ratée du rouble ? Certains de mes amis expliquaient cette ascension par une cour assidue de Gorbatchev qui ne savait pas choisir ses collaborateurs et qui, en prenant un novice, pensait pouvoir garder toutes ses prérogatives sans avoir à se retourner sans arrêt. Cette hypothèse est renforcée par l'anecdote de son voyage officiel en France en 1985, peu de temps après son « élection » comme Premier secrétaire. Le président Mitterrand partagea avec ses proches sa surprise de le voir sans cesse chercher des téléphones pour communiquer avec le Kremlin, comme s'il était inquiet de ce qui pouvait se passer à Moscou en son absence (le portable n'existait pas encore).

Bref, on ne s'amusait pas beaucoup dans les salles à manger du Kremlin : en début de repas, il fallait écouter les leçons de choses sur la situation catastrophique du pays et, au dessert, il fallait se méfier de propositions alcoolisées qui voulaient des deals.

Les déjeuners en ville étaient beaucoup plus distrayants. La plupart se déroulaient dans un immense établissement du quartier de l'Arbat, une lourde bâtisse de style Nicolas II qui avait été transformée en restaurant de grand luxe. La première fois, on est surpris, et puis on s'habitue à être traité en milord... Si vous alliez au *Prague,* il fallait choisir le soir, quand votre lourde Tchaïka entrait dans la file d'attente de ses semblables. Chacune peinait à débarquer les excellences qui prenaient tout leur temps pour émerger dignement des larges portes que des laquais empressés ouvraient avec précaution, dans un rythme distillé selon le grade de l'arrivant.

C'est Pierre le Grand, je crois bien, qui avait imposé le *tchin* à tous les fonctionnaires de l'Empire : chacun avait reçu un uniforme et des décorations assorties qui lui permettaient au premier coup d'œil de savoir à qui il avait affaire. L'Union soviétique a choisi l'automobile et les restaurants. *Le Prague,* où nous sommes ce soir-là, est sa réalisation la plus achevée. Non seulement l'apparatchik y fait fureur, mais personne d'autre n'y est admis. Arriver à pied est suspect, sauf pour les étrangers. Mais ils sont, eux aussi, triés selon la taille du cheval-vapeur. Les petits sont relégués dans un coin du rez-de-chaussée pour attendre les maîtres, les gros sont directement conduits dans le salon privé de leur hôte. Commençant à être connu, je montais les escaliers quatre à quatre, rien que pour montrer qu'on avait encore de l'agilité à l'Ouest. Le salon habituel, au premier étage, est une immense salle de réception dans le style « Louis Farouk », avec tentures et vases de fleurs. La table est décorée avec plus de goût qu'au Kremlin, quand même. Les bouteilles d'alcool sont dégainées en troupeau sur une immense desserte. Le caviar est déjà prêt dans des coupes transparentes au milieu des glaçons. Je ne suis pas le premier. Le gros président de la Promstroïbank sirote sa première vodka. (Vous savez, c'est lui qui a financé la fusée lunaire. Il a fallu qu'il soit remboursé par la Banque centrale elle-même après l'explosion homérique de 1969, vingt ans plus tôt.) Il est content de lui depuis que Pavlov lui a confié la privatisation de l'industrie manufacturière. Un bruit dans l'escalier annonce l'arrivée du Premier ministre et de sa suite. Je les connais tous trop bien ! Ils attendent ce moment depuis trois jours au moins et ont dû jeûner à midi pour avoir plus d'appétit ce soir. L'installation est rapide : le plan de table a été dressé par le protocole. Zut ! Ce soir, je suis l'hôte d'honneur, à la droite de Valentin. Il faudra que je « détraduise » son anglais de classe de sixième en ayant toujours l'air de comprendre. Bon, au Japon, j'ai appris à faire semblant de comprendre pour ne pas vexer mon voisin. J'ai toute une série de réponses toutes faites qui me permettent de m'en sortir. Ce soir, je ne vise qu'un seul objectif : obtenir que la lettre que j'ai rédigée à l'adresse de Delors à Bruxelles soit signée par Gorbatchev, puis me soit confiée pour la délivrer à son destinataire. Comme c'est la première qui aura jamais été envoyée par l'URSS à la CEE, c'est une pierre angulaire du futur édifice de la coopération entre l'Europe en tant que telle et l'Union soviétique qui, jusqu'à présent, n'avait jamais voulu traiter qu'avec les États membres.

Selon la bonne tradition russe, tout est sur la table dès le début du repas, enfin presque tout. Le caviar trône en vedette dont toute la suite se dispute les coupes glacées. La mienne m'est déposée sur mon assiette par un valet attentionné, en même temps que celle de Valentin. La suite est connue : sterlet, comme à la grande époque de *Guerre et Paix*, bortsch rouge, pelmeni, poulet à la Kiev (à éviter), gâteaux étouffe-chrétiens, thé au samovar et liqueurs françaises. Le tout arrosé de vins géorgiens.

Le temps d'avaler tout ça, et j'ai gagné ma partie. La lettre sera signée demain et je partirai après-demain, mission accomplie.

J'entends des chants dans les autres salons. *Le Prague* n'a que des salons. Nulle salle à manger. On tient à son entre-soi.

Le Prague est à l'image de la société communiste. Un restaurant de castes.

Valentin ne m'invitait là que quand il avait intérêt à me montrer. On ne discutait de rien de sérieux. Je répondais aux questions sur la politique du gouvernement français. Comme c'était le dernier de mes soucis, je laissais les interprètes se débrouiller avec mes banalités. On trinquait toutes les cinq minutes. Le grand avantage de la vodka, c'est qu'elle ressemble à l'eau. Vous voyez ce que je veux dire… Staline utilisait beaucoup ce stratagème quand il était avec Churchill. Les mauvaises langues disent que c'est la raison pour laquelle certaines frontières d'Europe de l'Est sont un peu compliquées. Et aussi qu'il répétait sans cesse sa fameuse phrase sur l'URSS, une devinette dans une énigme enveloppée de mystère… Il était dans les vapes… Moi, j'en étais quitte pour des carafes sous la chaise qu'il fallait faire glisser sous la table quand on quittait la salle. « Chrrrrristian » était demandé de tous côtés et, grâce à son eau un peu lourde, il répondait. Au bout d'une heure, on commençait à ramasser sans effort des lambeaux de « secret confidentiel » que les interprètes résumaient le plus brièvement possible pour ne pas finir la soirée au poste du KGB le plus proche. Je faisais semblant de ne pas écouter les plaisanteries sur les chefs d'État vassaux. Ils ne devaient pas avoir la vie facile avec de tels interlocuteurs. Les toasts s'accompagnaient de compliments fleuris à l'Europe et singulièrement à mon pays. Les journalistes et les photographes terminaient leur boulot et on pliait bagage. La descente d'escalier était parfois un peu chaotique, mais les Tchaïkas étaient là et chacun rentrait chez soi.

Entre les salles à manger du Kremlin et les virées au *Prague*, les dossiers avançaient dans la confiance et la bonne humeur. Le seul qui ne buvait jamais – Mikhaïl Gorbatchev – était le seul à faire la gueule. Il aurait dû se donner un peu de mal en pensant à l'URSS. Je suis sûr qu'il aurait pu échapper au *sovxit*. L'Olympe n'est pas toujours le meilleur refuge quand gronde la sédition.

Troisième intermède

Lettre à mes amis soviétiques

L'Actualité fiduciaire, octobre 1991

Leçon de choses... du Kremlin (les débuts chaotiques de la réforme économique, le naufrage du Plan des 500 jours).

Boris Eltsine, malade, annonce une baisse de 25 % du niveau de vie pour 1992, les républiques se chamaillent sur la future Union économique. L'Occident est plongé dans des abîmes de perplexité devant l'immensité d'une opération de sauvetage de l'URSS. Je voudrais essayer, en allant au-delà d'un indéchiffrable quotidien, de convaincre mes amis d'outre-Pologne de quelques idées simples, mais qui ont fait leurs preuves de ce côté-ci de l'ancien rideau de fer. L'amitié donne quelques droits et beaucoup d'obligations. Le droit principal, c'est d'être franc – l'obligation principale, une fois sa vérité dite, c'est de mettre sa force et son talent à son service. En URSS, j'ai appris à aimer sans admirer. On dit plus souvent le contraire – et l'on fait plus souvent le chemin inverse.

Que, sans admiration particulière, j'aie pu, en quelques années, connaître et aimer tant de Soviétiques rencontrés au hasard de mes voyages et de mes affaires, est étonnant et tout au crédit de mes nouveaux amis. J'ai vu, au début, que s'y mêlait un peu de pitié, de celle que pouvait justifier ce qu'un Occidental appellerait le long calvaire des peuples russes, c'est-à-dire une perception un peu manichéenne de l'histoire de l'Est européen. Le temps s'est chargé de balayer ce soupçon : tous les peuples n'ont-ils pas connu, tour à tour, des ères de prospérité et de crise ? Ils n'en sont pas pitoyables pour autant.

J'ai senti, le temps passant, que ce qui m'attirait le plus n'était ni des qualités exceptionnelles – qui donc en a ? – ni des grandes dispositions à souffrir – elles ne sont pas différentes de celles des autres, climat en moins – ni aucun de ces traits de caractère qui jettent les hommes vers les plus grands excès du bien et du mal. Ce qui me plaît, en Union soviétique, c'est une simplicité, une authenticité, une absence d'apprêt, le désir de baisser le masque pour ne paraître que ce que l'on est, une égale sincérité dans le bon et dans le pire, bref, une franchise qui a disparu depuis longtemps à l'ouest de l'Europe. Ajoutez à cela que vivre chichement, sans en faire de complexe, permet de mieux apprécier tous les petits bonheurs qui, mis bout à bout, en font peut-être un art. Et j'allais oublier le principal : l'écoute des autres, la solidarité véritable, parce que spontanée.

Voilà pourquoi j'espère avoir acquis quelques titres à dire que si les peuples soviétiques ont des raisons, aujourd'hui qu'ils ont gagné leur liberté, de prétendre à rejoindre le grand courant de l'histoire contemporaine, il leur manque deux qualités essentielles pour y parvenir : le goût du travail et le sens de la responsabilité.

Que cet état de fait soit la conséquence de l'histoire de l'URSS depuis 1917 n'est pas une excuse – et d'ailleurs, à qui servirait-il d'avoir des excuses ? Il suffit de se dire que l'histoire d'un peuple n'a que faire d'entractes d'un siècle (guère plus de temps ne s'est écoulé entre la dernière grande peste de la Grande-Bretagne, qui a décimé un tiers de sa population et le début de la révolution industrielle qui devait faire de ce pays la première puissance économique du monde).

L'exemple de la Finlande qui, en 1917, était encore un grand-duché uni à l'Empire russe et au même stade de développement économique, devenue aujourd'hui l'un des trois pays les plus riches du monde en termes de PNB/capita, est là pour rappeler que les retards sont faits pour être comblés et que l'Union soviétique en a largement les moyens, les hommes et l'espace. Le contraste est particulièrement frappant entre l'ex-grand-duché, les pays baltes et la région de Saint-Pétersbourg : ordre et richesse d'un côté, pauvreté et incurie de l'autre, avec des peuples qui sont proches par la langue et l'histoire. Et l'on ne peut pourtant pas dire que la Finlande soit un repère du libéralisme économique forcené.

Ni le soi-disant « caractère national », ni le manque d'expérience, ni les « mauvaises habitudes » ne sont des obstacles insurmontables à condition d'en avoir conscience puis de se comporter de telle manière qu'ils puissent être corrigés. C'est de la rapidité de cette remise en cause et de l'efficacité des remèdes qui y seront apportés que dépendra la durée du rattrapage économique. Il n'y a pas de fatalité : il n'y a que des hommes qui, en luttant pour leur liberté, apprennent la responsabilité.

Il est évident que cela va de pair. Il y a bien longtemps que l'on a observé que les peuples asservis végétaient, puis régressaient et que seuls ceux qui gagnaient leur liberté étaient capables de relever le défi du progrès économique qui dépend, pour l'essentiel, du sens de la responsabilité individuelle et collective. Rien d'étonnant donc dans l'évolution de l'URSS depuis 1917. Non, *plutôt, l'étonnant est qu'elle en soit arrivée là où elle est malgré les carcans qu'elle s'est elle-même forgés.*

L'une des erreurs des pères fondateurs du socialisme a été de négliger l'étude de l'évolution des grandes nations au cours des XVe et XVIe siècles. L'un des apports majeurs de cette époque, baptisée plus tard Renaissance, a été la libération de l'individu de l'esclavage de l'idéologie collective dominante. C'est l'individualisme qui a été la source commune des deux libérations de l'homme : la politique et l'économique. Ni l'une ni l'autre n'eussent été possibles sans cela. Ce n'est pas notre objet que de nous livrer, ici, à une démonstration détaillée de ce qui, pour la plupart des Occidentaux, est une évidence. Les pays les plus rapides à décoller ont été ceux où, comme en Grande-Bretagne et aux États-Unis, les deux libertés ont été programmées de concert. Les autres ont suivi le rythme et l'ajustement de l'une à l'autre : France, Scandinavie, Allemagne, Italie. Seuls certains des derniers arrivés comme le Japon s'en sont affranchis, dans la mesure où la culture dominante a privilégié la libération du groupe social par rapport à celle de l'individu. Encore n'ont-ils fait qu'adopter un modèle efficace qui avait déjà été expérimenté ailleurs.

En 1917, l'URSS était en train d'amorcer, avec le retard imposé par le despotisme tsariste, une révolution économique qui, libéralisation politique aidant, aurait pu la conduire au niveau de la Finlande d'aujourd'hui, c'est-à-dire aux premiers rangs mondiaux en termes de PNB/habitant. Le redoublement et l'aggravation de la tyrannie pendant soixante-dix ans a cassé cet élan. Le mythe d'une économie obéissante s'est matérialisé dans la plus monstrueuse imposture de l'histoire humaine : un État tout puissant aux mains d'une oligarchie inculte, assoiffée de pouvoir, libre d'utiliser d'immenses ressources naturelles et humaines à sa guise et dotée par les hasards de l'histoire de la pensée humaine d'une idéologie capable de lui gagner un moment la sympathie de l'intelligentsia mondiale. Tout le monde, aujourd'hui, connaît le résultat : une économie basée sur la guerre. Sparte au XXe siècle. Mais elle n'était pas seule : l'Allemagne faisait encore mieux.

La richesse de la plus vaste nation du monde a été gaspillée dans la réalisation de programmes industriels dont la seule justification résidait dans une hypothétique menace américaine, qui résultait, pour l'essentiel, d'une fausse appréciation de l'ambition de l'autre superpuissance. Autant l'effort militaire s'imposait pendant la guerre contre l'Allemagne, autant il devenait dérisoire en face des États-Unis, géant économique dont l'ambition, centrée sur eux-mêmes, n'est devenue mondiale que sous la menace de l'extérieur. Cette erreur d'appréciation, excusable encore dans les années 50, puis devenue coupable, a été délibérément entretenue par une classe dominante qui y a vu le merveilleux prétexte du maintien, avec l'économie de guerre, d'un confortable régime d'exception. Résultat : aujourd'hui l'industrie militaire représente plus de 50 % du potentiel productif de l'URSS et absorbe les 2/3 de ses matières premières et produits industriels. La baisse obligée du budget de la défense a déjà entraîné la mise au chômage de 10 millions de salariés qui sont réduits à la misère. La reconversion de cette industrie prendra dix à quinze ans. En attendant ?

Les stimulants idéologiques et intellectuels ne suffisent jamais à tenir en haleine un peuple sur les longues périodes qui sont nécessaires aux cycles économiques. L'héroïsme, la guerre, l'enthousiasme révolutionnaire, ne peuvent mobiliser une société que pendant de courtes périodes – 5 à 10 ans. Le développement économique se nourrit, lui, de cycles de 15 à 50 ans. Il s'agit donc, pour réussir à déclencher puis accompagner ces amples mouvements, de mettre en œuvre d'autres motivations, plus profondes, de puiser à la source de l'activité humaine. Aucune n'est plus puissante que le désir d'accomplissement individuel, qui accompagne toute la vie de chaque être humain et permet donc de compter sur des séquences de même ordre de durée que celles qui sont nécessaires au développement des grands cycles économiques.

Mais pour que ces puissants ressorts se mettent en mouvement, il est indispensable que la société laisse à ses membres la liberté de leur responsabilité. À partir de là, tout va de soi. Travailler ! Évidemment, puisque je récolterai moi-même les fruits de mes efforts, gagnant ainsi chaque jour un peu plus de liberté pour moi et pour mes proches. Le non-travail est le résultat de la non-liberté. Ceux qui ont observé le rendement des zeks le savent bien puisqu'un homme asservi fait seulement semblant de travailler.

S'organiser ? Bien sûr, pour faire plus et mieux, plus vite. La liberté augmente la concurrence, celle-ci engendrant à son tour la compétitivité. Qu'est-ce que la compétitivité, sinon le ressort de la richesse occidentale. Pour prospérer, je dois faire mieux que mon voisin. En gagnant ma liberté, j'hérite de ma responsabilité : je suis donc obligé d'être au moins aussi bon que mon voisin si je veux mériter ma propre estime. Et, comme il se trouve que l'unité de compte de la compétitivité est l'argent, j'en aurai au moins autant que lui !

Le retour des nationalismes, s'il réussit à s'autocontrôler, sera sans doute un puissant moteur. Déjà, les Baltes se transforment en Nordiques, les Arméniens retrouvent les talents de leur race et sillonnent la planète à la recherche d'hommes, d'idées et d'argent. Les Ukrainiens créent des entreprises avec l'aide de leur diaspora nord-américaine. C'est pourquoi, les petits États européens, nés de la dissolution de l'URSS, s'en sortiront plus vite que la monstrueuse République de Russie.

Tous les Occidentaux qui connaissent l'Union soviétique sont unanimes : les Soviétiques doivent retrouver le goût du travail et réapprendre à travailler. Ce but ne pourra être atteint que si la libéralisation de la vie publique, puis économique, s'accompagne d'une rééducation gigantesque – plutôt individuelle que collective – mais qui devra s'appuyer sur tous ces moyens d'éducation modernes et en particulier sur la télévision. Montrer à longueur de soirées des films occidentaux de série B décrivant la vie facile de héros de roman ne peut que renforcer les frustrations. Expliquer, sous une forme attrayante, les mécanismes du succès matériel aura au contraire un impact positif, beaucoup plus important ici qu'en Occident où la culture dominante a, depuis longtemps, assimilé ces notions. Et tous les moyens d'éducation, école, université doivent y faire écho. C'est la responsabilité de ceux qui dirigent que de commencer immédiatement.

Dans le cas contraire, la privatisation de l'économie sera un nouvel échec économique, le dernier sans doute avant la colonisation généralisée des républiques par les économies occidentales. Contrairement à bien d'autres pays, et c'est là que réside l'atout principal de l'Union soviétique, celle-ci offre un gigantesque potentiel humain et un énorme réservoir de connaissances, peut-être le plus vaste de l'humanité. Personne ne discute le succès remporté par l'Union soviétique dans les secteurs de pointe de l'activité humaine : sciences, expérimentation, exploits technologiques. La compétence des ingénieurs, techniciens, ouvriers, scientifiques soviétiques a largement fait ses preuves. L'orientation seule a été mauvaise : dans leur immense majorité, ils n'en sont pas responsables. Ils sont capables – les récents événements le démontrent amplement – de prendre en main leur destin : le sens de la responsabilité progresse avec celui de la liberté. Mais ils sont encore à peu près incapables de jeter les bases d'un système économique efficace. On ne peut pas, en 1991, recréer les conditions de démarrage des États-Unis basés, pour l'essentiel, sur la sauvagerie économique, à deux pas d'une Europe Occidentale dans laquelle les règles du jeu sont fixées depuis longtemps.

C'est pourquoi le plan radical de Jeffrey Sachs, qui se cache derrière Grigory Iavlinski, n'est pas une solution applicable à un peuple qui sort de 70 ans de dirigisme et qui est fatigué des idéologies. Le Russe a besoin d'une immersion progressive, faute de quoi il se noiera. Le nouveau plan de Stanislav Chataline qui vient d'être dévoilé et qui a la préférence de plusieurs républiques, est beaucoup mieux adapté à la situation sociale actuelle. Il prévoit une sorte de traité de Rome soviétique entre les républiques indépendantes, mais solidaires sur le plan économique et militaire, avec le maintien d'une protection sociale qui, seule, pourra éviter l'anarchie généralisée menaçant le pays dans les années à venir.

Une fois appris et assimilés, ces rudiments d'économie, alliés à votre riche mais douloureuse expérience de la solidarité et de l'austérité, permettront de faire progresser la société soviétique vers un consensus radicalement différent de la culture actuellement dominante. Et il est possible que la civilisation qui en naîtra soit exempte des défauts les plus criants de la société occidentale où, trop souvent, le culte de la performance économique a servi d'alibi à un autre viol de l'individu : l' asservissement à l'objet, où le bonheur est devenu une idée démodée et où la fraternité n'a jamais existé.

Voilà ce qu'en toute amitié, j'avais envie de vous dire maintenant que vous êtes libres.

9

Les « première classe »

Moscou, été 1990.

Il ne m'a pas fallu longtemps pour identifier, puis connaître les passagers de première classe. Il a suffi de Dmitry. Ancien élève de l'IMMO, l'ENA soviétique, il avait suivi un chemin balisé par papa, membre du Comité central depuis Brejnev. Le CC du PCUS, comme on l'appelait, dirigeait le Parti et l'approvisionnait en dirigeants de tous calibres, depuis les postes économiques, les moins prisés, jusqu'au prestigieux comité des nominations qui avait en main les promotions intra et extra-Parti, donc le pouvoir effectif. Couronné par le Politburo, organe exécutif, qui contrôlait le gouvernement, le CC regroupait la noblesse d'État, hors l'armée qui avait une certaine autonomie. L'URSS, pour éviter de tomber dans la ploutocratie considérée comme le pire système, avait réussi à éliminer l'argent comme outil de pouvoir en le remplaçant par les privilèges. Le Comité central les collectionnait tous. C'était le marqueur social par excellence. Un membre du CC avait à sa disposition, outre un vaste appartement dans le meilleur quartier de Moscou, une domesticité, des voitures, une datcha sur la mer Noire, le droit de voyager et, surtout, de se faire soigner à l'étranger. L'accès aux produits importés allait de soi tant la qualité des produits nationaux était lamentable. Ils étaient vendus dans des magasins camouflés, inaccessibles au mortel lambda. Les enfants du CC, quant à eux, fréquentaient des écoles spéciales ouvrant sur des études internationales via le prestigieux IMMO.

Dmitry était né dans ce milieu et n'avait donc pas eu souvent l'occasion de côtoyer des citoyens ordinaires. Son monde était hors norme puisqu'il avait tout, sauf l'argent. À l'intérieur, cela n'avait aucune importance : il lui suffisait de demander pour avoir. L'économat du CC était l'alpha et l'oméga de ses besoins et même de ses envies. Ce n'est qu'à l'extérieur qu'il sentait la contrainte monétaire, bien que ses grosses dépenses aient été réglées directement par le département spécialisé de la Gosbank.

J'avais fait sa connaissance à Paris, sa ville chérie, où, grâce à sa jeune femme, elle aussi issue du CC, branche diplomatie, il était comme un poisson dans l'eau. Peu de temps après notre rencontre initiée par un ami commun, il m'annonça qu'il avait décidé de se faire changer toutes les dents, un projet de plusieurs dizaines de milliers d'euros. Aussitôt dit, il s'installa à l'Hôpital américain où il resta plus de deux semaines. Quelque temps après, je sus, par une indiscrétion, que la note avait été réglée par l'ambassade. Ce mode de vie avait forgé des générations de noblesse de robe qui n'avaient rien de commun avec les Soviétiques « de souche ». Se considérant comme les maîtres chargés de conduire les travailleurs vers la lumière de l'avenir communiste, ils virent d'abord avec inquiétude les tentatives de Mikhaïl Gorbatchev de réformer un système fait pour eux. Les anciens se radicalisèrent jusqu'à organiser la chute du patron. Les plus jeunes, et particulièrement les dirigeants des Jeunesses communistes, les komsomols, y virent l'occasion si longtemps espérée de faire de l'argent. Le CC fut donc traversé par des courants antagonistes dont les inspirateurs étaient les générations montantes qui s'aiguisaient les dents en étudiant aux États-Unis. Pour faire court, les enfants des gérontes étaient déjà trop pris dans le système, et la tâche de secouer le cocotier fut assurée par les petits-enfants. Dmitry en était. Deux ans plus tôt, il avait été élu président de la XVe brigade des komsomols de Moscou 4, l'une des plus prisées, regroupant la fine fleur des héritiers du système. Bien dressé par un père qui avait tourné dans toutes les grandes administrations soviétiques en tant que contrôleur politique, il avait assimilé tous les usages de son milieu et, servi par une intelligence hors du commun, se préparait tranquillement à saisir un premier levier de commande pour le changer en tremplin.

C'est là qu'il en était lorsque je fis sa connaissance. Mes activités au Kremlin avaient permis de démarrer un programme de coopération entre l'Union européenne et l'URSS. Il fallait un staff local pour épauler le staff européen. Dmitry se porta immédiatement candidat et son CV cochait toutes les cases. Le mot d'appui de l'ambassadeur soviétique à Bruxelles ferma le ban et il eut le job. Il prit les choses à bras-le-corps et les projets commencèrent de s'accumuler sur les bureaux du Berlaymont. Ravi, je le félicitai en lui demandant comment il s'y prenait pour motiver tant d'organismes inconnus. La réponse qu'il me fit m'éclaira sur le fonctionnement d'un microcosme que je découvrais à peine. En quelques semaines, il avait réussi à faire de l'Union européenne le concept à la mode dans la génération des futurs leaders. Les budgets s'accumulèrent tellement qu'ils finirent par constituer un avantage considérable pour tous ceux qui en bénéficiaient. Dmitry se montrait très fier de cette première étape. « Tu verras, ce n'est qu'un début. Nous allons absorber tous les budgets des "pays frères" et construire une économie solide, au niveau de celles d'Europe. » Pour sa petite société élitiste, le message était clair : « À nous les euros ! » Toutes sortes de projets se dessinaient dans les « laboratoires » de Dmitry, depuis la reconversion des industries de défense, dont le nombre devenait prodigieux, jusqu'à la privatisation de milliers de fermes collectives qui n'avaient rien et voulaient tout. La distribution était un de ses choix : la reconversion des « *Gastronom* » en supermarchés devint à la mode. Sans oublier le système bancaire où, tout à coup, les *pocket banks* des jeunes messieurs accédaient au statut de « *too big to fall* ».

Lorsque la banque de M. Khodorkovski, la Menatep Bank, se mit sur les rangs, Bruxelles commença à s'inquiéter et lança quelques enquêtes pour avoir une vue indépendante sur les critères de sélection des projets. Le résultat fut consternant. Le club des heureux élus ressemblait comme un frère à celui des komsomols. L'aide européenne était téléguidée. Dès lors, la chute de Dmitry était programmée. Elle fut rapide et sans bavure. On le remplaça par un vieux routier hollandais des programmes d'aide au « tiers-monde », comme on appelait alors les pays en voie de développement.

« Je me vengerai ! » fut son seul commentaire, et il se lança dans une nouvelle aventure : l'exportation de produits semi-manufacturés et de matières premières. En commençant par l'aluminium, il ne prenait pas de risque. Encore fallait-il obtenir une licence d'exportation.

Papa s'en occupa, et un mois plus tard, les premiers camions quittaient les usines sibériennes en direction de l'Europe de l'Ouest. Dmitry triomphait. Il se lança dans l'importation de produits alimentaires français puis espagnols. « Je vais construire la première *trading* russe ! », me dit-il un jour dans un moment de confidence. Hélas, d'autres s'y employaient, sur une tout autre échelle. Les comptes monégasques de Dmitry ne pouvaient pas encore rivaliser avec ceux des pionniers fondateurs des *pocket banks*. Il vit rapidement la limite de ses capacités et décida de changer de secteur en s'associant avec un ex-ministre dans un des rares secteurs encore contrôlés par l'État : le bois. Les deux compères furent suffisamment habiles pour truster les exportations de bois de la Russie pendant plusieurs années. Lorsque les ambitions se révélèrent au grand jour, on leur barra la route, mais c'était trop tard : ils avaient fait fortune ! Dmitry avait tout ce qu'il fallait pour prendre le statut de *novi richi* : villa à Saint-Tropez, appartement à Londres, comptes à Monaco. Lui manquait encore yacht, club de foot et jet privé. Ce fut l'étape suivante, pendant laquelle il devint l'ombre d'un des tout premiers oligarques, qui avait privatisé à son profit des mines de fer et de cuivre, mais qui manquait singulièrement de ce vernis occidental que Dmitry possédait à ravir. Plus âgé, soviétique à en mourir, doté d'un nom délicieusement tatar, il ne pouvait espérer accéder à un statut supérieur à celui de paysan du Danube dans les capitales occidentales. Dmitry devint le maître à danser de ce bourgeois gentilhomme *new look*.

Au moment où j'écris ces lignes, l'aventure n'est pas terminée, et tout laisse penser que Dmitry, ayant tiré parti de tout ce qu'il a trouvé sur sa route, saura faire encore mieux. Bonne chance, Dmitry, dans les « première classe » !

10

Dans les cales du paquebot

Je ne peux pas faire un pas en Sibérie sans que les souvenirs du Goulag me sautent à la figure.

Chaque route, chaque voie ferrée, chaque ligne électrique à haute tension, chaque barrage, chaque « kombinat » a été construit par des zeks affamés et transis, utilisés comme du bétail par les « amis des hommes ». Le pays est tellement immense que l'archipel du Goulag n'est plus visible. Mais ce qu'il a permis d'accomplir marche encore. Et la qualité ne devait pas être si désastreuse puisque l'entretien de toutes ces ouvrages d'art a été minimaliste après la fermeture des camps : on n'avait pas d'argent pour payer la main-d'œuvre libre.

Pour les jeunes, c'est de l'histoire ancienne. Pour les générations qui ont connu le système, et qui souvent en descendent, un peu comme ces Australiens qui descendent des « convicts », ce sont de très mauvais souvenirs que l'on préfère garder pour soi, de peur que le Goulag ne revienne.

On préfère décrire l'industrialisation de la Sibérie comme une prouesse des héros de la Grande Guerre patriotique qui ont transféré en Sibérie les usines de la Russie d'Europe. Les zeks sont tombés dans les poubelles de l'histoire, ce qui était précisément le but de leurs geôliers.

En attendant les escaliers en or promis par Lénine, les prolétaires devaient construire le socialisme. Mais ils passaient le plus clair de leur temps à faire la queue devant les « Producty » pour se nourrir, consacraient deux heures aller et deux heures retour pour rejoindre leur lieu de travail où le manque de téléphone, de papier, de matières premières et d'électricité, limitaient leur temps de travail effectif à quelques heures par jour, ponctuées de cantine et de conférences sur la meilleure manière d'édifier le socialisme. Sans compter les arrêts maladie. Le modèle social soviétique, alpha et oméga des gauches du monde entier, générait la stagnation. Que faire ?

Staline eut une idée. Le léninisme avait créé une catégorie d'individus rebelles au rêve socialiste qui s'évertuaient à vivre à la marge du meilleur des mondes. Il n'était pas question de les laisser saboter la brillante mécanique mise en route sur les décombres du tsarisme. Il fallait donc les forcer à travailler pour le « peuple ».

En fait, Staline n'eut pas une, mais deux idées : n'était-il pas un génie ? Quand on est un génie, on peut avoir deux idées. La seconde lui avait été mise dans la tête par ce coquin d'Armand Hammer dont j'ai parlé plus haut, le fils du premier communiste des États-Unis. Dès son arrivée à Moscou, envoyé à Lénine par son papa, il comprit que les révolutionnaires étaient fauchés. La guerre avait pompé les stocks d'or du Trésor et on ne pouvait plus rien importer. « Arm & Hammer », comme on le surnommait, qui sortait d'une famille de businessmen florissants, lui expliqua que si l'Union soviétique ne pouvait pas importer, c'est qu'avant d'importer, il fallait exporter, et que lui allait s'en charger. C'est en sélectionnant et en vendant à New York des icônes russes qu'Armand se familiarisa avec le marché de l'art et commença à rassembler une collection qui fut célèbre à son époque. Lénine pouvait ainsi acheter le blé dont il avait besoin pour calmer la population russe, qui ne voyait pas beaucoup de différence entre une famine tsariste et une famine socialiste. Mais, même nourris, il y avait quand même des gens qui réfléchissaient un peu, et ça, ce n'était pas acceptable. Le Goulag ouvert, on y entassa plein de monde. L'ennui, c'est qu'il fallait les nourrir, les vêtir et leur construire des baraques. Pour le budget exsangue de l'Union soviétique, c'était lourd. Il eut alors l'idée de transformer les camps de « redressement » en camp de « redressement par le travail ». C'était en 1923. Génial : l'esclavage venait d'être restauré dans le monde dit « civilisé ». À partir de ce moment-là, l'URSS disposa d'une main-d'œuvre servile pour tous les grands chantiers socialistes. Certains historiens estiment qu'au plus fort de leur expansion, avec 5 millions de pensionnaires, le Goulag pesait 20 % de l'économie soviétique. Canaux, chemins de fer, métros, mines de charbon, champs de pétrole, barrages, tout était construit par des esclaves qui travaillaient jusqu'à la mort. Le remplacement était assuré par Staline qui fixait lui-même des quotas d'arrestations pour chaque région. Il suffisait d'être catalogué « élément peu sûr » pour être arrêté, ce qui rendait les choses assez faciles pour une police qui remplissait ses quotas sous peine d'envoyer ses sbires les compléter eux-mêmes.

Officiellement, les camps ont fermé en 1955, mais le dernier seulement en 1991. Dans les années 1990, les quelques rescapés avec qui j'ai pu m'entretenir n'osaient toujours pas parler de leur expérience, de crainte que la roue ne tourne et que le système ne soit rétabli. Seules quelques grandes voix qui avaient les canaux pour se faire publier à l'étranger prenaient le risque de témoigner. Leurs noms sont sur toutes les lèvres.

La fin de l'esclavage posa un grave problème : comment trouver suffisamment d'argent pour payer des volontaires qui accepteraient d'aller dans des régions perdues et glacées ? Les grands travaux en prirent un rude coup. C'est la raison pour laquelle toutes les grandes infrastructures russes sont dans cet état délabré que je remarque encore aujourd'hui au cours de mes voyages dans les régions. Exemple : le canal Don-Volga, qui joue un rôle essentiel pour tous les pays riverains de la Caspienne. C'est la seule issue de cette mer fermée vers la mer Noire et le grand large. Construit par les zeks, ouvert en 1952, il a été à peine entretenu. Aucun projet d'élargissement n'a été exécuté en soixante-dix ans. Limité au passage de bateaux déplaçant jusqu'à 5 000 tonnes, il n'a guère d'utilité économique, d'autant plus que la Russie l'interdit aux cargaisons étrangères. Ce n'est que tout récemment que le gouvernement a autorisé quelques bateaux kazakhs et iraniens à l'emprunter. La Russie demande maintenant aux riverains de la Caspienne de l'aider à financer un nouveau canal qui ne sera certainement pas ouvert avant 2030. C'était évidemment plus simple avec des esclaves.

Les réalisations herculéennes du socialisme, chantées par toutes les gauches du monde, étaient bel et bien basées sur un servage pire que celui que ces mêmes gauches reprochaient au régime autocratique des tsars.

Les soutes du paquebot étaient bien garnies. On estime qu'une trentaine de millions d'êtres humains sont passés par le Goulag entre 1930 et 1950 et qu'un tiers n'en est jamais ressorti. Ce qui n'a jamais été reconnu par le système, c'est que le travail forcé de ces esclaves a permis d'ébaucher cet avatar de « construction du socialisme » qu'a été l'Union soviétique. Sans eux, tout se serait arrêté bien avant 1940. Même les « conquêtes scientifiques », que célébraient en grande pompe et en des termes emphatiques les communistes français, ont largement dépendu des équipes de zeks scientifiques détenus dans des laboratoires prisons, les *charachki*. *Le Premier Cercle* d'Alexandre Soljenitsyne a été le premier hommage qui leur ait été rendu.

Ni Saint-Simon, dont le buste trônait à côté de celui de Lénine derrière les murs du Kremlin, ni Karl Marx n'auraient imaginé que leurs utopies « sociales » pourraient engendrer un tel monstre.

Aujourd'hui, les Russes sont unanimes pour dire que le communisme a été la pire imposture du XXe siècle. Pour moi, ce n'était pas un scoop : le Premier ministre de l'Union soviétique lui-même me l'avait avoué en 1990, dans son anglais de débutant.

11

Escale à Lioubertsy

Nous sommes en 1991. Le premier supermarché de l'URSS ouvre dans le « 9-3 ».

La banlieue de Moscou est vaste. Sans doute aussi vaste que l'Île-de-France. Paris tout entier tiendrait dans la vieille ville de Moscou, à l'intérieur des « boulevards-jardins ». La démesure de l'URSS commence dans sa capitale. Comme autour de Paris, les villes satellites sont débraillées, sans plans d'urbanisme, raturées de monstrueuses barres HLM à l'abandon plantées au milieu de terrains vagues. Tout un petit peuple vit dans ces repaires, entre les heures de transports vers le centre dans des trains hors d'âge et les heures de queue pour acheter le moindre produit de cuisine. Les escaliers inégaux sont loin de ceux de Lénine, qui promettait au prolétariat des escaliers en or, une fois sa dictature établie (celle du prolétariat, évidemment). Ils sont au moins aussi dangereux que les ascenseurs asthmatiques qui en décorent les entrées. Les inégalités inhérentes au communisme se traduisent par la ségrégation de la population en deux grandes classes : les nomenklaturistes et les autres.

Le maire de Lioubertsy ne tarit pas d'éloges pour sa commune. Sergueï Anatolovitch est un petit fonctionnaire local qui a eu l'idée de se présenter à l'élection au sein du parti qui maîtrise tout dans ce coin. La ville a très mauvaise réputation. Les Moscovites lui reprochent d'abriter les bandes de hooligans les plus dangereuses de la région capitale qui infestent le centre-ville et sont redoutées par les « commerçants » des boutiques de « luxe » (traduisez marchandises occidentales). Le Saint-Denis de l'URSS, en somme. Pour moi, il était intéressant de noter que des causes opposées pouvaient produire les mêmes effets. On n'a de cesse, en France, d'expliquer le 93 par la présence de lumpenprolétariat généré par le système capitaliste. À Moscou, l'explication officielle est que Lioubertsy est le havre de jeunes Soviétiques originaires du Caucase et des républiques de l'Asie de l'Ouest qui trafiquent. Tous les vieux Moscovites vous diront cela. L'avantage, c'est qu'il y a de l'argent à Lioubertsy. C'est ce qui a permis à la ville de concourir et de gagner à Bruxelles, sous ma houlette, un projet de rénovation urbaine. Le langage bureaucratique permettait de dissimuler un peu l'objectif de la Commission européenne qui était d'ouvrir l'URSS aux pratiques commerciales de l'Ouest. Mon équipe avait bâti le schéma qui avait été doté d'un budget permettant de faire vivre un supermarché de style belge ou français jusqu'à ce qu'il atteigne l'équilibre.

À l'époque où ce projet se matérialisait, le concept de supermarché était inconnu en Union soviétique. La ménagère devait choisir ses produits, demander le prix et aller les payer à la caisse où elle récupérait un ticket pour les retirer. Trois queues successives ! Le choix était restreint et l'arrivée de produits bulgares ou roumains provoquait des troubles dans le quartier. Il était donc impensable de mettre le public en contact avec la marchandise avant qu'elle soit payée…

Sergueï Anatolovitch, jeune homme pressé, dirigeait la ferme maraîchère Belaya Dacha (« Maison blanche »), dans Lioubertsy même. En quelques années, il avait su lui donner une expansion remarquable en construisant des réseaux de distribution dans tout Moscou. Un stage de formation en Allemagne de l'Ouest lui avait donné plein d'idées qu'il mettait en œuvre progressivement, car il se rendait bien compte que la capacité d'absorption de ses collaborateurs était limitée. Les serres que je visitai étaient bien organisées. Les cueillettes et les stockages montraient une connaissance évidente des bonnes pratiques de la profession. Les statistiques de rebut étaient acceptables et les ventes augmentaient régulièrement, la plupart du temps en direct dans les chaînes de magasins Gastronom. Sachant que l'on n'est jamais mieux servi que par soi-même, Sergueï Anatolovitch avait pris d'assaut la mairie à la faveur d'un renouvellement calendaire normal. Investie par le Parti, la conquête avait été rapide et sans bavures. Il partageait donc son temps entre son bureau de Belaya Dacha et son bureau de maire. J'avais lancé l'idée de créer un supermarché expérimental à travers mes amis de la perestroïka. Bien que clients de magasins de Moscou réservés à la nomenklatura, ils avaient tous été impressionnés par les centres commerciaux européens propices aux razzias et avaient trouvé l'idée excellente. J'avais convaincu les responsables de Bruxelles de financer le projet et de faciliter l'approvisionnement de la boutique en produits occidentaux, de préférence frais. Ma tentative d'entraîner une chaîne française dans l'aventure ayant sombré dans le ridicule, nous avions décidé de débaucher deux professionnels de la grande distribution et de tenter le coup sans grand nom européen.

Le maire nous trouva le local répondant à nos besoins. Le mettre en état, importer les meubles et les équipements prit deux mois. Sergueï Anatolovitch y mit du sien : « Si ça marche, je passe ministre du Commerce ! », répétait-il avec gourmandise. À 40 ans, ce n'était pas une mince ambition. Il se trompait à peine. Quelques années plus tard, la perestroïka et ses acteurs passés de mode, Sergueï Anatolovitch se retrouva brièvement ministre de l'Agriculture de la Russie... Excellent tremplin pour une brillante carrière dans l'industrie alimentaire où il est devenu un des grands patrons russes.

Avant d'aller plus loin, l'épisode français mérite un détour tant il est révélateur des us et coutumes très spécifiques des Français en affaires. Le gouvernement de l'époque avait créé un bureau pour la coopération avec l'URSS en y affectant quelques crédits en provenance d'une de ces cagnottes budgétaires dont nous avons le secret. J'avais donc approché un distributeur centenaire dont le nom fleurait bon la vieille France en lui faisant miroiter la gloire qu'il retirerait d'une aventure soviétique patronnée par l'État et Bruxelles, donc quasiment gratuite. Marché conclu, il ne restait plus qu'à travailler, lorsque j'appris coup sur coup que la famille voulait vendre l'affaire qui était sur le point de déposer son bilan. Cerise sur le gâteau, elle avait mis son sort entre les mains d'un repreneur célèbre pour son incompétence (rien n'a changé entre 1991 et 2019 où il est encore à la tête d'une grande faillite !) et qui ne savait rien de l'URSS. Rideau !

Faute d'un grand nom, le supermarché fut baptisé « Super Marché » en caractères cyrilliques. La mairie, craignant une émeute, délégua plusieurs *militsia* (miliciens) pour décourager les acheteurs de sang chaud. Les produits français, exonérés de douane, arrivèrent la veille de l'ouverture et nos spécialistes organisèrent les gondoles en vrais pros. Des gardes furent postés à la sortie pour s'assurer que personne ne partirait sans payer. Les caissières du Gastronom du coin avaient été réquisitionnées pour être formées aux machines de caisse européennes, en attendant d'avoir nos propres agents, encore en formation.

On attendait avec curiosité les réactions des acheteuses lioubertsyennes devant des marchandises libres d'accès. Voilà quelque chose qu'elles n'avaient vu que dans les films américains projetés par le cinéma local. Ou à la télévision. Des représentants de la puissance donatrice, la Commission européenne, avaient été invités pour l'ouverture et ils avaient prévu de filmer l'événement. Une chaîne russe couvrirait l'inauguration.

On ne fut pas déçu ! La nouvelle s'était répandue dans la ville et la queue se forma des heures avant l'ouverture, selon la bonne tradition soviétique. On se battit un peu pour avoir des produits européens introuvables, mais nous avions pris soin d'en prévoir pour tout le monde. Comme les prix étaient artificiels, à un niveau garantissant le succès de l'expérience, tout le stock fut vendu en moins d'une semaine. Le réapprovisionnement attendait à la douane de Lioubertsy. Voyant l'engouement du public, les douaniers commencèrent à se dire qu'il n'y avait pas de raison de ne pas appliquer les droits normaux ainsi que la réglementation spécifique aux produits alimentaires. Ils bloquèrent donc les marchandises le temps que la mairie paie les droits et taxes et que nous fournissions les nouvelles étiquettes. On se retrouva donc dans la réalité. Le rêve n'avait pas duré longtemps ! Le supermarché dut fermer en attendant de remplir ses gondoles. Les ménagères retrouvèrent facilement le chemin du Gastronom, ses serveuses irascibles et moustachues vendant avec réticence les produits soviétiques informes enveloppés dans la *Pravda* de l'année dernière. La routine, quoi, après le rêve européen.

La suite fut quand même plus gaie. On sermonna les douaniers, on organisa la mairie pour qu'elle paie les produits au fur à mesure, en faisant remonter les recettes quotidiennes du supermarché. La révolution !

Le maire de Moscou, prévenu, vint faire un tour et décida de lancer une dizaine de Gastronom en libre-service. Nous n'étions pas équipés pour gérer une chaîne et laissâmes donc l'expérience démarrer d'elle-même en nous mettant à la disposition des opérateurs. Les privatisations commençaient. Les gérants de Gastronom virent l'avantage de secouer le joug des organisations de ravitaillement en se branchant directement sur les centrales d'achat du ministère du Commerce du Smolenskaïa Prospekt. Ils rachetèrent leurs propres magasins avec la complicité active des *pocket banks* qui fleurissaient dans tout Moscou en empruntant leurs ressources à la Gosbank de mon vieil ami Viktor Vladimirovitch Guerachtchenko, ravi de participer à la révolution économique soviétique en digne fils de son illustre père, qui avait créé les moyens financiers de la victoire de l'URSS sur l'Allemagne.

L'expérience s'était donc déroulée sans aucune intervention de groupe de distribution étranger. Même Makro, qui avait eu quelques velléités, était resté à l'écart, plus attiré par Leningrad, maintenant rebaptisée Saint-Pétersbourg, où il avait été séduit, à la mairie, par un certain Monsieur « Putin » ! Mais elle n'avait pas échappé à la sagacité des marchands traditionnels de l'URSS : les Arméniens et les Géorgiens, qui nous demandèrent de la répéter chez eux. Craignant d'attendre trop longtemps les subsides de Bruxelles, ils décidèrent d'y aller tout seuls et les futurs États indépendants de Géorgie et d'Arménie s'équipèrent rapidement de libres-services.

Lioubertsy continua de mériter sa mauvaise réputation. Le magasin fut pillé à plusieurs reprises et le maire, qui se considérait comme responsable de l'expérience qu'il finançait largement, chercha un repreneur. Il se présenta un jour sous la forme d'un maffioso du coin, ce qui provoqua une levée de boucliers parmi les édiles locaux. Serguei Anatolovitch recula et préféra fermer. Les ménagères retrouvèrent donc leurs queues habituelles, qui leur permirent de rattraper le temps de bavardage perdu au supermarché en relançant les commérages qui commençaient à manquer dans une ville restant au centre des faits divers de toute la Russie pour ses bandes de hooligans si bien organisées.

Mes amis de Lioubertsy, toujours le 9-3 de Moscou, ont vécu le naufrage de l'Union soviétique calmement. Les privatisations n'ont déclenché aucun conflit. Il faut dire que, en dehors du kolkhoze Belaya Dacha, il n'y avait pas grand-chose à dénationaliser. Sergueï Anatolovitch eut la grande joie d'être nommé ministre de l'Agriculture par un des fugaces Premiers ministres qui défilèrent sous Boris Eltsine. Le choc a été vite absorbé et, six mois plus tard, il rentrait à Belaya Dacha comme propriétaire. La spéculation immobilière aidant, une partie des terres de la ferme ont été cédées pour construire des barres d'immeubles que les *pocket banks* vendaient à la classe moyenne. Rétrécies, mais de plus en plus productives grâce à l'intervention de fermiers hollandais, les terres restantes sont devenues la première ressource maraîchère de la région de Moscou et de ses 20 millions d'habitants. Aujourd'hui, Sergueï est devenu un petit oligarque, toujours premier dans sa ville, même si la mairie lui a échappé.

Et notre « Super Marché », me demanderez-vous ? Sa fermeture a donné des idées à quelques citoyens entreprenants qui, deux ans plus tard, ont installé dans la ville plusieurs supérettes. Pour leur malheur, ils ont vu arriver, dans les années 2000, les mastodontes européens de la grande distribution. Aujourd'hui, on va chez « Auchan Belaya Dacha » ! Sur un terrain vendu par Sergueï Anatolovitch...

12

Escales en Sibérie

Mes premiers séjours en Sibérie avaient été réfrigérants, bien qu'ils se fussent tous déroulés pendant le bref été, dans la région du Kouzbass, dans des villes aussi célèbres que Tomsk, Kemerovo ou Novokouznetsk. Chacune nichée au bord de l'Ob, fleuve qui ressemble à un bras de mer, elles semblaient n'avoir qu'un but : produire pour l'armée ce qu'il y a de moins ragoûtant. J'entends par là de l'atome et de la chimie militaire, poudres explosifs et autres, plus secrets les uns que les autres. C'était la mode de la reconversion des industries d'armement, et, mon Dieu, il y avait fort à faire dans ce coin-là ! Les accords EU/URSS que j'avais contribué à mettre en route comportaient un gros volet « reconversion » et j'avais été chargé de la Sibérie centrale. J'en profitais d'ailleurs pour renifler les bonnes affaires, en particulier ces fameuses usines d'Armand Hammer qui, elles aussi, étaient en piteux état.

Les visites dans cette partie de la planète commençaient invariablement par celle de l'aéroport de Domodedovo.

En 1990, l'aéroport de Moscou-Domodedovo est un cloaque, célèbre pour ses marches sur la glace du tarmac, valises en main, et ses nuits glacées sur les banquettes pleines d'accoudoirs en attendant d'hypothétiques embarquements à des heures de condamné à mort. Des armées de Caucasiennes et de Caucasiens surchargés des achats faits à Moscou et destinés à la revente au pays encombrent des couloirs exposés à tous les vents. Il faut slalomer entre femmes, enfants, hommes et valises pour progresser vers le guichet d'enregistrement de l'Aeroflot. Les panneaux indicateurs sont en panne. Les employés ne savent rien. Les rares affiches d'horaires sont illisibles : caractères minuscules et heures du fuseau de Moscou. En 1990,deux sociétés coexistent à Domodedovo, sans beaucoup se fréquenter. L'élite, ce sont les Sibériens, dignes fonctionnaires avec leurs valises en carton et leurs Rolex soviétiques, et les Caucasiens avec leurs montagnes de ballots et leurs kyrielles d'enfants qui n'échangeaient qu'en turc, en géorgien ou en arménien. Toute la difficulté était d'embarquer pour être au chaud, en espérant que la valise n'ait pas pris une direction diamétralement opposée. Dans les deux ponts de ces immenses oiseaux soviétiques, 400 passagers s'entassaient comme ils pouvaient, les places étant attribuées dans l'ordre d'arrivée à bord. Les cuisses de poulet avalées, arrosées par la merveilleuse eau minérale arménienne, on essayait de dormir au milieu de la foule qui se passait en douce des fioles enveloppées de la *Pravda* de l'année dernière pour garder le moral. La vodka, en effet, était réservée aux apparatchiks de première qui étaient accueillis dans leur cabine par un rangée de bouteilles dignes des ranchs de *Dallas*.

La Sibérie est un immense territoire grand comme huit fois la France conquis au XVIIIe siècle, en cinquante ans, par les Cosaques. Deux d'entre eux franchirent les premiers le détroit de Béring en traîneau. Ils furent suivis de centaines d'autres qui colonisèrent l'Alaska, et ce qui est aujourd'hui la Colombie-Britannique, le Washington, l' Orégon et le Nord de la Californie. Seul le Sud de la Sibérie est peuplé par des Européens. Le Nord reste le domaine des Aborigènes, à l'exception de Yamal, source du gaz qui irrigue l'Europe, et, dans une moindre mesure, Yakoutsk, capitale mondiale du diamant. Les principales villes ont été créées sous l'Empire par des militaires qui construisaient des relais d'approvisionnement. Un peu plus tard, ces relais se sont transformés en villes grâce à la construction du chemin de fer transsibérien par des entreprises françaises.

Le « *Drang nach Österi* » n'a pas été aussi massif que la conquête de l'Ouest aux États-Unis, mais il a été assez volontariste pour donner à l'Empire russe, dès 1787, un territoire américain de taille respectable, descendant jusqu'en Californie, conquis par quelques centaines de Cosaques. L'histoire de la vente de l'Alaska aux Américains est presque aussi romantique que celle de la Louisiane par la France du Consulat. Le baron Edouard de Stoeckl, Austro-Grec, ambassadeur du tsar à Washington, négocia l'affaire avec le ministre des Affaires étrangères américain Seward, malgré les oppositions russes et américaines qui baptisèrent le territoire russe « Plage des phoques ». Cinquante ans après les retraits espagnol et russe de la Californie et de l'Oregon pour donner une façade pacifique aux États-Unis, la vente était signée. C'était en 1867 et le prix était de 7,2 millions de dollars, prix d'ami si on le comparait à ceux pratiqués de l'autre côté du détroit de Béring. Mais les deux pays avaient fait cause commune pendant la guerre de Sécession et c'était bon de défier le Royaume-Uni en le prenant en tenailles à son extrémité occidentale. Cela permit au baron, fortune faite, de se retirer à Paris où il mourut tranquillement au 59, boulevard Malesherbes, peu avant 1900. Il avait eu le temps de mesurer son aveuglement : la première livraison d'or d'Alaska à San Francisco en 1897 se montait à 150 % du prix payé pour l'Alaska !

Le peuplement de la Sibérie s'est organisé autour des anciens relais militaires, au bord des grands fleuves arctiques : Ob, Ienisseï, Léna et sur le Pacifique. Novossibirsk, la « Nouvelle-Sibérie », sur l'Ob, est la ville la plus importante. Fondée en 1893 sous le nom de Novonikolaïevsk, elle a connu un fort développement avec la construction du chemin de fer à partir de 1900. De taille malgré tout modeste, elle a été submergée par les transferts industriels massifs provoqués par la Seconde Guerre mondiale. Le gouvernement russe déménageait toutes les usines d'armement de l'Europe vers la Sibérie pour les mettre hors de portée des Allemands.

La Sibérie est connue du public européen par sa vocation de goulag, comme jadis le Québec ou l'Australie. Elle n'a pas eu encore le temps d'effacer cette tare originelle comme l'ont fait ses prédécesseurs. Depuis l'ouverture des camps, de nombreux zeks ont fait souche, mais on les remarque peu, car la plupart sont restés près de leur camp, dans des villages retirés. Le grand flux de peuplement est venu de la multiplication des contrats de travail des firmes minières, pétrolières et gazières qui ont fait de la Sibérie la machine à sous de la Russie. Elles ont traîné derrière elles des centaines de sous-traitants et l'administration qui va avec dans un pays déjà suradministré. La cerise sur le gâteau a été, bien sûr, Akademgorodok, le high-tech spatial et le nucléaire qui l'accompagne. La Sibérie est tout simplement la garantie qu'une Russie vieillissante et paresseuse conservera un statut de puissance globale.

On arrivait dans la taïga, les aéroports étant éloignés des grandes villes pour pallier les inconvénients d'éventuelles attaques nucléaire des capitalistes dont les cibles prioritaires étaient sans aucun doute les aéroports. Une distance minimum de 50 kilomètres : c'était la règle.

Tout ces villes étaient construites sur le même modèle : le HLM augmenté faisait fureur au milieu d'espaces infinis, au bord de ces fleuves-mers. Les usines aussi, immenses, tenant comme à bout de bras des cheminées qui rivalisaient avec la tour Eiffel. Elles me rappellent toujours ce fonctionnaire d'Alma Ata, au Kazakhstan qui, après un plantureux repas arrosé de lait de jument à la Présidence, sortit de sa serviette une photo satellite de la région de Karaganda. On y voyait une étrange bande noire qui partait de la ville vers l'est jusqu'aux confins de la Mongolie. « Que croyez -vous que ce soit ? », me demanda-t-il abruptement. Je me taisais de peur de dire une incongruité.. « La trace des fumées des centrales au charbon de Karaganda ! » Rien ne pousse sur cette bande de terre de 500 kilomètres de long et de 10 kilomètres de large. Ainsi la pollution était-elle connue en pleine Sibérie, bien avant qu'elle ne devienne un sujet politique en Europe.

On parlait aussi, sous le sceau du secret, des immenses lacs de pétrole brut qui parsemaient la Sibérie et dans lesquels on déversait les barils qui n'avaient pas pu être expédiés par les wagons-citernes quand les pipelines étaient en réparation.

Ces réflexions occupent le temps de rejoindre les « centre-villes ». Celui de Tomsk est tristement célèbre par les bouffées de radioactivité lâchées par les usines d'enrichissement en amont. D'une visite à l'autre, mes interlocuteurs étaient à éclipses, et je ne mis pas très longtemps à comprendre qu'ils passaient de longues semaines dans leurs « prophylactoriums » préférés pour digérer les curies qu'ils absorbaient, avec tout le reste de la population, à chaque bouffée mortifère qui se répandait sur la ville, en moyenne une fois par an. Plusieurs y ont laissé leur peau : je ne l'apprenais que des années plus tard, quand la presse occidentale le révélait. Pour les moscovites, Tomsk était la ville à éviter. Kemerovo avait la chance de ne pas avoir de nucléaire, mais elle n'était pas plus attirante pour cela. Elle vivait dans la souvenir de l'héroïsme de ses concitoyens lorsque leurs usines triplèrent leur production pour soutenir l'effort de guerre contre l'agression allemande à l'époque de Stalingrad et du siège de Leningrad en même temps que l'afflux de dizaines de millions de réfugiés de Russie d'Europe.

C'est à Kemerovo, dans l'usine du Prolétaire rouge que j'eus ma plus belle leçon de thérapie de choc. Je débarquais de l'avion, un peu ahuri par un écart de quatre heures auxquelles s'ajoutaient les heures d'attente à Moscou et un transfert homérique dans une bétaillère volante. J'arborais fièrement le drapeau de Bruxelles et ma mission civilisatrice :

changer les épées en soc de charrue. Bon, plutôt arrêter la production de gaz mortifère pour la remplacer par... L'imagination avait tous les droits. Les chimistes qui m'accompagnaient avaient tous une idée différente. Celles des dirigeants étaient toutes faites. Il fallait tout simplement arrêter l'usine et la remplacer par une unité de production de cuisinières à gaz. Autrement dit, *tabula rasa.* Transformer des chimistes en fondeurs et en métallurgistes. Diable ! Une affaire de 10 ans ! Bruxelles ne financera pas une conversion totale, et, une fois n'est pas coutume, Bruxelles aura raison. Mais il fallait faire avaler la pilule au directeur général qui se voyait déjà propriétaire d'un fabrique de cuisinières à gaz qu'il exporterait en Europe. À nous les euros ! La privatisation à la Jeffrey Sachs continuait ses ravages. Il nous fallut deux jours pour expliquer qu'avant d'arriver aux instrument culinaires, il fallait continuer de gagner sa vie en changeant de formules de gaz pour arriver aux gaz industriels et que je connaissais plusieurs groupes européens qui, ayant connu des problèmes similaires, avaient pu les résoudre en quelques années, moyennant des investissements raisonnables. Pour en arriver là, encore fallait-il qu'il ouvre ses portes et ses dossiers techniques, le tout classé secret-défense. Or, les commandes du ministère de l'Armement baissaient rapidement, ce qui était un bon signe pour la paix du monde mais une sérieuse source d'ennui pour les politiciens locaux. Sur le point de quitter Kemerovo, un peu sottement, je me crus obligé de lui dire toute mon admiration pour une usine qui portait si fièrement le nom de « *Krasny proletar* » en cette période où tout changeait si vite. Je fus assez content de voir qu'il n'avait pas compris ma remarque quand, très inquiet, il nous demanda s'il ne serait pas plus opportun de se lancer dans la production de bicyclettes. Un peu ce qu'il m'était arrivé d'entendre dans une ville sur le fleuve Oural, Orenbourg, porte d'entrée historique en Sibérie qui se faisait gloire d'avoir vu naître Joseph Kessel et qui accueillait régulièrement notre populaire académicien Maurice Druon. Ils voulaient passer de la toile en métal déployé à la fonderie centrifuge !

À Tomsk, les choses étaient plus simples, malgré les bouffées d'atomes qu'il fallait essayer d'éviter. C'était une usine de méthanol construite par l'omniprésent Armand Hammer. En ruine, on me demanda de la remettre en état. Le financement ne fut pas commode, mais on put quand même placer pas mal d'équipements français. Au bout de la période de performance garanties, vingt ans plus tard, il nous firent la courtoisie de nous demander de revenir. Toute l'ancienne direction avait disparue, l'usine ayant été absorbée par un de ces conglomérats d'oligarques qui cueillaient les usines comme des marguerites, devenant des monstres industriels. Mais nos dossiers avaient été sauvegardés grâce à un *chief mechanic,* directeur technique débauché d'une autre usine russe, avec lequel nous avions gardé de vieilles relations de confiance. Nous fîmes ce qu'il fallait. Le seul incident, qui fit un peu grincer les dents, fut la disparition de plusieurs wagons entre Rouen et Strasbourg. La SNCF mit plus de dix jours à les retrouver sur une voie de garage d'un centre de régulation perdu dans la campagne française. Tout se termina dans un grand éclat de rire : « Ah, les Français ! ».

Je mis longtemps à atteindre le sein du sein de la science soviétique : Novossibirsk. Enfin, le jour vint où j'embarque pour Novossibirsk !

Je suis la foule en montrant mon billet à tous les porteurs d'uniforme. On m'indique la direction à suivre et je parviens, au bout de vingt minutes d'errements, à la queue du guichet de mon vol. Les voyageurs, engoncés dans des tenues hivernales, parlent haut. Le vol n'est pas encore ouvert et le retard semble inévitable. Je pose ma valise et me prépare mentalement à prendre mon mal en patience. Une demi-heure plus tard, je comprends que le voyage ne sera pas simple. J'avais quitté le centre de Moscou depuis trois heures déjà. Le vol devait partir dans une heure, mais il était clair que l'appareil n'était pas encore arrivé. Le soleil se couchait. Il faudra sûrement passer la nuit sur un banc : la pensée me traverse la tête, mais je n'en ressens aucun stress particulier. La perspective d'une nuit à Domodedovo n'a pourtant rien de bien agréable. Les accoudoirs fixes des bancs ne permettent pas de s'allonger. Les courants d'air balaient les salles. La sécurité n'est guère assurée. Et il faut se tenir aux aguets, car les annonces sont aléatoires et les départs intempestifs.

C'est aux environs de quatre heures du matin que j'embarque. Le tarmac est gelé et, de nouveau, c'est la marche sur la glace. L'énorme Tupolev à deux ponts absorbe la foule. Les sièges, non numérotés, sont attribués par ordre d'arrivée par des hôtesses irascibles et moustachues qui encombrent les allées. Il faut encore une bonne heure avant le décollage. Les sièges, aussi durs que des planches, n'ont pas de ceintures de sécurité. Enfin, bon gré mal gré, tout ce monde se retrouve dans le ciel en direction du soleil levant. La nuit est terminée. Les hôtesses réapparaissent à la queue-leu-leu, portant d'énormes bassines d'aluminium. La première me tend l'assiette en carton dans laquelle la suivante plonge la sempiternelle cuisse de poulet. Comme je n'ai plus de main pour saisir au vol le gobelet de plastique rempli de l'abominable eau minérale soufrée d'Arménie, je loge le pilon dans la poche à revues pour le ressortir une fois le breuvage avalé. La préposée revient très vite récupérer les os dans la même bassine. Je songe à ces vols militaires que j'avais empruntés pendant ma guerre à moi, bien des années auparavant.

Mais là, au moins, on n'avait pas d'eau minérale arménienne !

Les heures passent, ponctuées de sauts de cabri sur les trous d'air. Il faut se cramponner aux sièges pour ne pas s'envoler. Dangereux de dormir ! Le soleil se lève lorsque j'aperçois, loin sous l'avion, le premier fleuve sibérien courant vers l'océan Arctique, l'Yrtis. Grosse impression : une sorte de bras de mer au milieu d'immenses forêts. La nature de la préhistoire à l'état brut. « Là où la main de l'homme n'a jamais mis le pied ! », le « mot » du fameux sapeur Camember, de Christophe, pionnier de la BD, me revenait en mémoire. L'avion perd de l'altitude en vue de Novossibirsk. L'atterrissage se fait selon la bonne tradition de l'aviation soviétique : en douceur, et le terminal se rapproche. Construit sur les mêmes plans que les autres, le gros parallélépipède pas très flamboyant absorbe la foule des passagers qui franchissent à pied la distance du Tupolev au sas d'entrée.

Mon hôtel est au centre-ville. Recru de fatigue, je fais un somme. Ma fenêtre donne sur une enfilade d'usines. Un peu plus tard, je suis averti de l'arrivée de mon chauffeur qui doit me conduire à l'oblast (unité administrative) où se dérouleront mes entretiens. Ensuite il faudra rejoindre la *Taïga Silicon* russe, Akademgorodok, à quelques dizaines de kilomètres, pour y rencontrer les candidats à des bourses d'étude en France.

À peine sorti, l'énorme hangar en face de l'hôtel me fait une curieuse impression. Bien qu'habitué à la coutume soviétique de mettre des usines en centre-ville, la taille me surprend. C'est bien plus qu'une usine : presque une cathédrale. La voiture prend le chemin de l'oblast. Les usines se succèdent. Je demande à mon interprète pourquoi on avait mis un hôtel au milieu de la zone industrielle. L'autre me lance un regard interrogateur : « Mais nous sommes au centre-ville, monsieur ! » Alors, pourquoi toutes ces usines ? « Mais monsieur, à Novossibirsk les usines sont au centre-ville ! » Interloqué, je demande de répéter. Le garçon m'explique qu'à Novossibirsk, en 1942, les usines démontées qui arrivaient par le Transsibérien, aussitôt déchargées à la gare, étaient remontées sur place pour ne pas perdre de temps, et on commençait à sortir des chars avant même que les toits ne soient posés. (incidemment, ces chars roulaient au pétrole brut et étaient calculés pour une durée de vie de moins d'une semaine). La gare s'est donc retrouvée au centre de la zone industrielle et les quartiers résidentiels se sont reconstruits en périphérie. Une des rares villes du monde à avoir un plan d'urbanisme à l'envers !

Les bureaucrates de l'oblast étaient visiblement bien nourris et ne reculaient pas devant les petits verres. Il s'agissait de reconversion d'usines d'armement vers des produits civils. Il fallut deux heures pour mettre au point l'organisation des travaux et je continuais vers la « ville de la science ». Longeant l'Ob, j'arrivais dans une cité-dortoir au bord d'un immense lac, quelques barres d'immeubles noyées dans l'infini sibérien. La crème de la crème des mathématiciens et physiciens russes vivait là, m'avait-on dit. La plupart des polytechniciens et normaliens russes venaient d'ici, sélectionnés de manière aussi drastique que les solistes du Conservatoire de Moscou. La prochaine promotion était en cours de recrutement à l'Institut Sobolev et j'étais conseiller bénévole et officieux de mon *Alma mater* française.

Les garçons et les filles que j'y rencontre, parfaitement à l'aise en anglais, impressionnants en physique et en maths, prêts à sauter sur tout ce qui pourrait améliorer leurs qualifications, sans complexes, sont la promesse d'une nouvelle Russie qui, avec ses horizons sans fin, se battra d'égal à égal avec ses pairs dans tous les domaines d'avenir. Une solide amitié se forgea par la suite avec plusieurs des heureux élus qui passèrent plusieurs années sur le plateau de Palaiseau. Heureusement pour la France, malheureusement pour la Russie, la plupart ont choisi notre pays où ils ont gagné la reconnaissance de leurs capacités chez de grands noms du CAC 40.

Très impressionné par mon passage, je reprends l'avion de Moscou le lendemain. La durée du vol étant égale au décalage horaire, je passe donc quatre heures hors du temps à imaginer le futur inattendu que j'entrevois à présent.

13

Nouvelle escale à Saint-Pétersbourg

9 février 1992. Il était 8 heures du matin, le train entrait en gare de Saint-Pétersbourg, nouveau nom de Leningrad. Rien n'avait changé. Serait-ce la même chose en ville ? J'avais en mémoire ma visite deux ans plus tôt de la ville *française* de Leningrad.

La gare était encore noire quand le train se traîna, après quinze heures de halètements, vers le quai en ruine qui l'attendait au milieu du lac de boue laissé par le dernier dégel. Le cul-de-sac enfoui dans un brouillard glacial cachait une petite foule anxieuse qui guettait, sans doute depuis des heures, notre arrivée tardive. La préposée au confort, qui avait présidé toute la nuit aux cérémonies du thé dans le ventre de la bête, sortit de sa cabine en ajustant sa jupe et sa casquette galonnée. Les passagers étaient déjà dans le couloir, sacs au pied. Les cabines larges ouvertes laissaient s'échapper les odeurs habituelles des confinements humains. Une fois à l'arrêt, le train fit encore trois allers-retours de quelques mètres, comme s'il n'arrivait pas à se convaincre qu'il avait finalement réussi à atteindre le but qu'il s'était fixé. Une fois stabilisé, et après que les habitants des couloirs eurent retrouvé leur équilibre mis à mal par les derniers hoquets, la matrone ouvrit la porte du wagon, ajusta les marches et descendit la première, triomphale, sur le quai boueux, comme pour souhaiter à ses hôtes de la nuit la bienvenue dans la nouvelle Saint-Pétersbourg. C'était la coutume dans les transports soviétiques, avions et trains, de laisser sortir les équipages en priorité, comme s'ils redoutaient de passer une minute de plus dans l'engin qu'ils avaient mené à bon port. Descendre du wagon demandait une certaine souplesse, le compartiment planant à un mètre cinquante au-dessus du quai.

Les lampadaires blafards qui ponctuaient les quais remplissaient leur office à contrecœur. La foule emmitouflée qui s'acheminait comme une procession de limaces vers la sortie regardait surtout ses pieds pour éviter de choir dans les flaques glauques ou de trébucher dans les nids-de-poule inondés. Les quelques taxis asthmatiques ayant été pris d'assaut par les voltigeurs de l'avant-garde, les suivants n'eurent d'autre choix que de se précipiter dans la bouche de métro.

La Mairie avait promis qu'une voiture attendrait. La même Tchaïka noire me conduisit donc à l'*Astoria*, que je connaissais déjà. Le chauffeur ne parlait pas un mot d'anglais, la course fut donc silencieuse, comme je le souhaitais. On m'attendait à 10 h 30 à la mairie. J'avais le temps de faire une mini sieste et d'essayer de prendre une douche si l'eau n'était pas trop bouillante. Comme elle l'était, il y eut un peu plus de temps pour la sieste... Les bagages déballés et entassés dans un recoin à portemanteau, je sortis mes dossiers pour récapituler l'agenda des trois prochains jours.

Comme je venais d'être élu vice-président de l'UIE (Union internationale des économistes), j'aurais comme interlocuteur principal le patron du département international de la Mairie.

L'accueil à la mairie ne fut pas vraiment chaleureux, tout juste protocolaire. Comme à la mairie de Moscou où les employés avaient tous deux emplois, le second très privé, mais bien plus rémunérateur que le premier, les bureaux étaient à moitié vides. Toute l'immense cathédrale respirait un ennui caché sous la poussière. Le chef était en rendez-vous « à l'extérieur ». Le maire, un des héros de la perestroïka, Anatoli Sobtchak, passait, comme Gavriil Popov, le plus clair de son temps à voyager à l'étranger, invité par des maires ravis de se faire photographier avec le premier démocrate de l'URSS. Après une prise de contact qui ne fut rien d'autre, je me retrouvai dans la rue où mon corbillard noir m'attendait. Je lui donnai congé pour quelques heures. Je voulais à présent marcher, voir, sentir les changements depuis la dernière fois. Un canal passait à proximité. Je le suivis, tête au vent. Les trottoirs étaient glissants, la foule des piétons innombrable. Il n'y avait rien d'autre à voir que les pierres et les gens : les magasins étaient toujours inexistants. Les rares points de vente étaient pris d'assaut par des queues interminables qui en interdisaient l'accès. Les silhouettes emmitouflées que je croisais tenaient à bout de bras des sacs en plastique gonflés des trophées récoltés à force d'interminables attentes. Ici comme ailleurs, le temps humain n'avait aucune valeur. De-ci de-là, des *babouchkas* ratatinées proposaient des légumes et des fruits secs à l'unité. Aux grands carrefours, les *militsia* régulaient un trafic étique de taxis Jigouli en tâchant de ne pas se faire écraser par les voitures officielles que rien n'arrêtait. La médiocrité des tableaux de la rue n'était rachetée que par l'allure des immeubles du centre-ville. Très dégradés, ils n'en gardaient pas moins l'imposante majesté du néoclassique français du XVIIIe siècle. Un peu plus tard, je devrais découvrir l'envers du décor en visitant des appartements collectifs que dissimulaient ces murs. Ce serait la première fois de ma vie que je comprendrais ce que promiscuité veut dire. En attendant, mon regard s'arrêtait sur ces façades Grand Siècle qui tapissaient les ruines des canaux et les abords des grands boulevards. En débouchant sur la perspective Nevski, je m'enthousiasmai de tant d'harmonie urbanistique. Au-delà de la décrépitude générale, on parvenait à imaginer cette gloire de l'Empire voulue par un autocrate sanguinaire et visionnaire à la fois. Le « Prospekt » méritait bien son nom. La référence à Alexandre Nevski, vainqueur des chevaliers teutoniques, présageait bien la victoire sur la nouvelle Allemagne, proclamée « IIIe Reich ». Mais la ville n'avait pas prolongé l'effort de reconstruction des années 1950, et nous étions déjà en 1992 ! Seuls le Palais d'hiver et les églises avaient belle allure. La coupole géante de Saint-Isaac, imposante, inséparable de son écrin urbain, reprenait vie. Smolny et Saint-Sauveur-sur-le-Sang-Versé, avec leurs bulbes à la Walt Disney, attendaient leur restauration, ce qui n'empêchait pas de célébrer les offices qui se succédaient tout le long de la journée. La renaissance du christianisme était déjà sensible et les fidèles recommençaient à se presser aux grand-messes, sans d'ailleurs y comprendre grand-chose, faute d'avoir reçu des rudiments d'histoire sainte dans leur jeunesse.

Les mendiants, ostracisés à l'époque du communisme triomphant pour qui cette catégorie sociale n'avait aucune justification, revenaient à la sortie des offices. Les vendeurs à la sauvette se pressaient autour des étrangers qui commençaient à faire nombre.

Un peu plus tard, je passais devant un immense café, près de la maquette du fameux navire *Aurora*, héros de la Révolution. Le porche était encombré des mêmes Finlandais ivres morts qui attendaient de se faire évacuer vers leur pays. Les Russes les toisaient toujours avec la commisération d'artistes devant des amateurs ! L'hôtel *Astoria* n'était pas loin.

Je déjeunais d'un de ces brouets dont j'avais à présent l'habitude, succession de mauvaise charcuterie, de salade assaisonnée de mayonnaise rance, de viandes bouillies entourées de misérables débris de légumes, le tout arrosé d'une bière aussi imbuvable que l'eau minérale amère dont l'étiquette vantait l'origine arménienne.

Je retournais à la mairie où m'attendait un fonctionnaire à l'anglais rustique qui s'occupait des relations internationales. Le sujet était la nouvelle association pour la « Renaissance de Saint-Pétersbourg » qui allait orchestrer le changement de nom de Leningrad, puis assurer sa promotion internationale auprès de villes homologues dans le monde entier. Mon interlocuteur m'annonça que le président d'honneur de l'association serait un Nobel américain, le célèbre professeur Wassily Leontief, père de la théorie des matrices qui portent désormais son nom. Accepterais-je d'en faire partie ? Dans ce cas, je serais reçu par le futur président exécutif de l'association. Prudemment, je répondis que j'en serais honoré, mais qu'il faudrait d'abord que j'en parle avec ce futur président et avec Wassily. Le lendemain, je fus donc reçu par ce « futur président », un peu surpris, après qu'il m'eut donné sa carte de visite, de m'entendre lui demander comment prononcer son nom sans risquer une faute de goût. C'était pourtant facile : Vladimir Poutine. La carte portait l'inscription « Putin » en lettres latines. Je cornacais alors un grand groupe hollandais qui tâtait le terrain. Il voulaient, eux-aussi, verser leur obole à monsieur Putin. J'osais à peine prononcer leur nom : Makro.

Leontief, que je rencontrai quelques semaines plus tard à Paris, me dit tout le bien qu'il pensait de cette initiative et de son président, ce qui emporta mon adhésion. Je la fis connaître sans délai et réglai une modeste cotisation. Me voilà dans un conseil à côté de ce monsieur Putin.

14

La grande illusion soviétique

C'était à Moscou en 1991.

Si les *Mémoires* de Sakharov, publiées en 1987, ont soulevé des élans de curiosité à travers le monde, leur parution avait paru saugrenue à une époque où, pourtant, le mythe de la science soviétique commençait de s'essouffler. La perte de la course à la Lune en 1969 avait été ressentie comme une insulte par les foules qui avaient été nourries au lait de la prééminence de la science soviétique dans tous les domaines. C'était l'époque où les plaisanteries de cour d'école, autour de « qui a inventé quoi ? », avaient toutes la même conclusion, bien commode pour des têtes rebelles aux noms russes : « C'est Popov ! » Ce personnage mythique personnalisait à lui seul les prouesses racontées à longueur de pages par *L'Humanité* et qui faisaient de l'*homo sovieticus* le *sapiens* des *sapiens*.

Et voilà que le « père » de la bombe H soviétique se mettait à décrire les arrière-cours de ce « *Drang nach Zukunft* », fruit du marxisme poststalinien. Elles ne manquaient pas de pittoresque !

Les poules y cohabitaient avec les morceaux de fusées et le premier souci des femmes de cosmonautes était de faire pousser les salades pendant les brefs mois d'été dans les steppes semi-désertiques, jadis terrains de jeu des Huns et des hordes mongoles. C'en était presque rassurant tellement c'était humain. Comment, dans de telles conditions de rusticité, imaginer que ces élites aient le moindre désir d'aller démolir la moitié de la planète pour en faire un « paradis des travailleurs » radioactif ? Tchernobyl était là, qui avait fichu la frousse à plus de la moitié de l'URSS en démontrant que rien n'était vraiment maîtrisé dans ce pays continent.

Bref, le père de la bombe H nous racontait comment il partait au boulot le lundi matin. Pour rejoindre l'« installation », qui ne figurait sur aucune carte, il fallait gagner un hangar anonyme dans les quartiers industriels de Moscou. La porte poussée, on entrait dans un monde mythique, le monde de la fusion thermonucléaire, irrigué aux crédits d'État.

Cette porte du ciel, façon soviétique, je la retrouvais quelques années plus tard. La perestroïka était à son zénith et la « nouvelle pensée » submergeait tout ce qui était tenté par le pouvoir. Elle donnait aussi des ailes à de nombreux ingénieurs, dans les usines, les entreprises et les laboratoires. Les chercheurs qui étaient habitués à chercher pour rien, c'est-à-dire pour des salaires de misère, et qui commençaient à fréquenter leurs homologues américains bien mieux traités (moins de médailles, mais davantage de sous) virent dans cette révolution du paradigme communiste une opportunité fantastique de vivre enfin à l'occidentale. Ceux qui appartenaient au grand secteur secret n'y auraient sans doute jamais accès, mais tous les espoirs étaient permis aux autres, même celui de faire connaître leurs réalisations et de tâter le marché, pour voir.

Mes relations avec les milieux universitaires me donnaient accès à des laboratoires gérant certains des projets futuristes qui faisaient les délices du Comité central. Ces messieurs étaient de grands consommateurs de romans de science-fiction qui sortaient à jet continu des éditions soviétiques à tendance scientifique. Jules Verne avait fait beaucoup d'émules. Les projets de lanceurs planétaires, de sous-marins abyssaux, d'appareils supersoniques pullulaient et, comme l'argent était très limité, ils végétaient dans les classeurs ou, avec de la chance, à l'état de prototype.

C'est pour faire plaisir à un de ces Tournesol que, un dimanche matin, je me retrouvai devant la porte d'une grande bâtisse déserte dans un quartier industriel de Moscou, en compagnie de trois « candidats », Slava, Dmitry et Oleg. Dans le langage universitaire russe, un candidat est un doctorant. Ces trois-là rêvaient de passer du statut d'ingénieur à celui de chercheur, bien mieux coté dans la société de l'époque, même si les avantages matériels n'étaient pas très différents. Je les avais rencontrés au cours d'un de ces colloques sur la « nouvelle pensée » qui se multipliaient à Moscou pour bien faire entrer dans la tête des gens que le communisme, c'était fini. Les encouragements à l'initiative personnelle n'étaient pas tombés dans l'oreille de sourds. L'équipe avait passé les cinq dernières années à plancher sur les méthodologies permettant aux avions de voler plus vite sans être repérés par les radars. Des programmes similaires avaient déjà été menés à bien aux États-Unis et les « services » avaient ramené tout ce qu'ils avaient pu trouver sur les martingales imaginées par les Américains. Notre petite équipe en avait fait son miel, mettant au point cette maquette d'aile volante supersonique et invisible qu'ils m'invitaient à contempler. Pourquoi moi ? La question, à laquelle j'aurais bientôt la réponse, ne me préoccupait guère tant j'étais impatient de voir ce que la fine fleur du parc académique soviétique avait pu inventer pour tailler des croupières à Boeing et ses collègues. Condamnés à faire beaucoup avec peu, les chercheurs essayaient de remplacer les coûteuses expérimentations par des expériences de pensée. C'était le cas ce jour-là. La maquette dévoilée par les trois pieds nickelés n'avait visiblement jamais été testée. Je découvris une aile volante ventrue dont la surface était un agrégat d'alvéoles sphériques plus ou moins profondes avec un diamètre qui variait en fonction de l'angle d'attaque des filets d'air. Un pur produit de la mécanique des fluides et de la théorie des tourbillons. Oleg, qui paraissait être le chef de la troïka, m'expliqua que les alvéoles avaient été conçues et calculées pour créer des micro tourbillons qui, en repoussant de la surface les courants extérieurs, devaient diminuer considérablement la résistance de l'aile à l'air et améliorer sa portance. Comme ils chiffraient déjà les gains probables, je leur demandai s'ils avaient fait des tests en soufflerie. « Où trouverions-nous les moyens d'acheter une heure de soufflerie ? » L'exposé terminé, ils me demandèrent comment trouver des crédits de recherche pour construire la maquette au 1/10. Cette maquette serait volante et achèverait de convaincre les investisseurs du caractère révolutionnaire de leur invention.

« Notre aile pourra transporter 1 000 passagers à deux fois la vitesse du son ! asséna Oleg.

– Les microvortex sont la plus grande révolution depuis l'invention de l'aile d'avion ! ajouta Slava.

– L'Académie des sciences est-elle au courant de vos travaux ? demandai-je.

– Oui ! La section aéronautique est prévenue et elle a envoyé un délégué voir notre maquette. À ma connaissance, il en a fait un rapport positif, mais l'Académie n'a pas de crédit pour l'aéronautique, qui dépend entièrement du ministère de la Défense aérienne.

– Et alors, que dit ce ministère ?

– Il dit que tous ses crédits sont engagés sur d'autres projets et qu'il ne peut donc pas nous financer la maquette au 1/10 cette année ni l'an prochain. Mais après, ce sera trop tard !

– Avez-vous pris des brevets ?

– En URSS oui, mais pas à l'étranger, c'est trop cher. »

L'assurance de ces trois « candidats » était impressionnante, et elle m'impressionna pendant quelques instants. Mais je connaissais suffisamment les Russes pour ne pas tout prendre pour argent comptant – ce qu'ils souhaitaient, sachant que leurs expérimentations n'étaient pas convaincantes.

La mécanique des fluides plaidait en leur faveur, et j'en savais assez pour comprendre leurs raisonnements et approuver leurs conclusions. Mais encore aurait-il fallu montrer comment les microvortex avaient été calculés. La simulation mathématique du phénomène était hors de portée des ordinateurs de l'époque et l'expérience de pensée insuffisante pour le monde réel à paramètres multiples et la complexité des phénomènes en jeu.

Je leur proposai de parler de l'aile à des chercheurs français qui travaillaient dans le domaine, pour autant que je puisse leur présenter un dossier qui restait à rédiger : la méthodologie des chercheurs soviétiques était toujours un peu approximative et les papiers souvent illisibles et incompréhensibles, car basés sur des raisonnements inachevés. Ce manque de rigueur était d'ailleurs une des principales caractéristiques des labos soviétiques, où l'on dictait souvent les résultats avant d'avoir commencé les recherches... Ils promirent de fournir les documents sous un mois, tout en précisant qu'ils continueraient à quémander des subventions de l'Académie des sciences. Je ne leur dis pas que cette Académie était engagée dans un tout autre domaine : la spéculation immobilière sur des terrains lui appartenant et sur lesquels se dresseraient bientôt les tours de « Moscow City ». À la tête du projet, un des plus célèbres économistes de la perestroïka, membre club de Tverskaïa et qui s'était opposé à Gorbatchev au moment du Plan des 500 jours. Une priorité bien éloignée de la recherche fondamentale. Avant de partir, je conseillai aux trois candidats de chercher plutôt auprès du complexe militaro-industriel chapeauté par la Défense et leur proposai de les introduire. Ils déclinèrent poliment, privilégiant leurs propres contacts.

Est-il utile de préciser qu'aucun dossier ne fut jamais reçu ? J'ai raconté dans un article écrit en 1993 comment j'avais appris des mois plus tard, en regardant la télévision, que la maquette au 1/10 qu'ils avaient fini par construire s'était écrasée sur un terrain militaire situé à Saratov. Fin de l'histoire. Les microvortex ne semblaient pas avoir été une bonne expérience de pensée.

Les *Mémoires* d'Andreï Sakharov ont parfaitement montré comment l'URSS s'était spécialisée dans la fabrication d'excellents prototypes, mais avait échoué à les transformer en produits industriels. Un de mes amis, ancien pilote militaire, m'a raconté un jour, sous le sceau du secret, comment l'Armée de l'air parvenait à garder opérationnels les chasseurs bombardiers Soukhoï, qui passaient en Occident pour le *nec plus ultra* des avions de cette classe. Chaque appareil passait plus de 80 % de son temps dans son hangar dans l'attente de pièces de rechange fabriquées à la main, chaque appareil étant en réalité un prototype. Un travail d'artisans de haute volée.

Ces exemples, et bien d'autres encore, me convainquirent que la perestroïka n'aurait aucune influence sur la culture industrielle de l'URSS. Seuls des investissements étrangers pourraient accomplir la révolution indispensable pour transformer cet empire en pays développé au sens que nous donnons à cette expression. Or les Russes n'en voulaient surtout pas, de peur de laisser filer à l'Ouest ce qu'ils prenaient pour leurs trésors technologiques. Les seules usines montrables étaient les industries de base : métaux, pétrochimie, bois. Je me souvenais d'une visite des usines Lada à Togliatti, où j'avais découvert une copie des usines Renault à Billancourt telles que je les avais connues vingt ans plus tôt au cours d' un stage d'ingénieur. Rien d'étonnant à ce que les voitures soviétiques passaient leur temps au garage. Elles étaient déjà vieilles en sortant de la ligne de production. Une des voitures de mon bureau de Moscou, achetée neuve, avait commencé à s'essouffler au bout de six mois. Enquête faite, son chauffeur avait découvert qu'elle avait passé deux ans sur un parking à ciel ouvert de l'usine avant d'être vendue. Deux ans dans le climat russe, de quoi donner un sacré coup de vieux à n'importe quelle voiture !

Rien d'étonnant à ne voir aucun produit soviétique dans les pays occidentaux. Seules les Lada ont fait une percée qui s'est prolongée plusieurs années. Mais c'était à l'époque où elles étaient construites sous licence Fiat, qui imposait un minimum de contrôles de fabrication. Et les voitures exportées étaient soigneusement sélectionnées à la sortie des chaînes de production parmi celles ayant le moins de défauts.

Ce n'est que plusieurs années après l'épisode de l'aile volante que j'ai pu expérimenter par moi-même l'ambiance des ateliers soviétiques. Je reçus un contrat de gestion d'une fonderie centrifuge à quelque 10 kilomètres des usines Lada. Le contrat dura trois ans et j'y consacrai une part non négligeable de mon temps. Après avoir installé trois ingénieurs français sur le terrain, je suivis de près l'évolution de la production à laquelle nous avions fixé, en accord avec le propriétaire de l'usine, un objectif d'exportation. La chaîne de production était entièrement neuve, avec du matériel de haute qualité, allemand, américain et italien. Tous les futurs opérateurs de l'usine avaient suivi des cycles de formation sur les *process* de production. Le top de départ fut donné, en grande pompe, en présence du président d'une banque britannique créée par un Français qui avait travaillé à l'Élysée, la BERD (Banque européenne pour la reconstruction et le développement). Les trois premiers mois passés, le personnel estima qu'il avait suffisamment le process en main pour pouvoir se passer des Français. À partir de ce moment, le travail de mes trois ingénieurs se mua en cauchemar, les contremaîtres russes s'estimant plus à même qu'eux de diriger la production. Il en résulta une baisse rapide de la qualité et des incidents coûteux chez les clients, qui entraînèrent des plaintes, puis des retours de marchandises. La moindre remarque à un ouvrier ou à un cadre se traduisait par un congé maladie qui gênait la production. Des discussions interminables suivaient la moindre instruction technique : chacun avait son avis et désirait le faire connaître. Finalement, toute l'usine s'unit pour dénoncer l'incompétence des étrangers et réclamer leur éviction. Les trois années se terminèrent dans une sorte de chaos tel que les Français décidèrent de ne plus paraître à l'usine pendant les derniers mois. De mon côté, je me rendais compte que l'atmosphère chauvine commençait à remonter jusqu'à la tête de l'usine.

Dix ans plus tard, alors que j'avais renoncé depuis longtemps à m'occuper de ce projet, j'appris par hasard à Londres, au cours d'une réunion où je croisais le nouveau directeur de l'usine, que j'avais connu ingénieur, qu'il avait fallu cinq ans pour que les tubes produits redeviennent conformes aux spécifications… La fonderie avait finalement redémarré et les tubes étaient enfin vendables. Mais on avait perdu cinq ans. Et l'aventure avait laissé un souvenir amer à l'équipe française qui s'était dévouée sans compter pour obtenir un succès industriel.

Ce n'est qu'un exemple, que j'ai vu se reproduire dans toutes les régions de l'URSS. D'abord en Ukraine où le potentiel productif cessa pratiquement d'exister après l'indépendance, sauf dans les rares régions peuplées de Polonais ou de Roumains. Mais surtout en Russie d'Europe, la Sibérie étant moins infectée… car le froid oblige à l'entraide.

Paradoxalement, le modèle industriel était tout à fait différent dans les secteurs d'extraction et de transformation des matières premières où j'ai toujours observé une excellente discipline et l'amour du travail bien fait. C'est la résilience de la vieille culture bolchevique, qui a toujours donné la priorité à l'industrie lourde et à l'armement au détriment de tout le reste. D'ailleurs les majors de promotion de toutes les universités technologiques de l'URSS choisissaient ces deux secteurs et méprisaient le reste.

La grande illusion industrialiste soviétique, collée sur un pays arriéré, s'est avérée mortifère dès qu'il a fallu passer au fordisme, tellement admiré par Staline. Le naufrage de l'URSS est la conséquence directe de cette illusion. Mais tout le monde s'étant focalisé sur l'explication politique, la leçon n'a pas été assimilée et il n'y a pas plus de produits russes en Europe de l'Ouest aujourd'hui qu'il n'y en avait voici trente ans.

Personne n'a lié les deux phénomènes, preuve de plus que tout ce qui touche à la Russie est encore prisonnier de concepts idéologiques.

15

Escale à Goubakha (Oural)

Région de Perm, 1993.

Le piémont des Oural est une région secrète. Une des zones de lancement de missiles de l'URSS. Une des cibles des Dr Folamour américains.

La voiture roulait à vive allure sur une route déserte. Nous arrivions de l'aéroport de Perm et devions rejoindre la ville de Goubakha où se trouve une concentration exceptionnelle d'industries d'armement, chimiques et sidérurgiques. La zone a été industrialisée en 1942, au moment où les usines de l'Ouest étaient démontées et transférées à l'Est, hors de portée des armées allemandes. Brejnev, le grand développeur de l'URSS, en avait fait une région stratégique hautement contrôlée par les administrations centrales de Moscou qui avaient créé d'immenses villes interdites aux étrangers, ne figurant sur aucune carte et baptisées d'un numéro : Perm 1, Perm 2, etc. Certaines étaient même des villes de l'archipel du Goulag. Ouverte récemment aux non-Soviétiques, la région se montrait avide de nouvelles technologies pour remettre en état des installations qui étaient restées telles qu'elles avaient été construites trente ans auparavant. Les progrès de leur management et leurs exportations donnaient enfin aux usines les moyens d'acquérir des technologies contemporaines. Un immense marché pour les pionniers de la nouvelle Russie.

Tandis que nous roulions, mes hôtes ne cessaient de commenter, avec une évidente fierté, le paysage désert qui défilait sous nos yeux. La qualité de la route, qui tranchait avec celles que j'avais l'habitude de fréquenter, flattait particulièrement leur ego. Évidemment, ils brûlaient d'en dire davantage. Nous traversâmes d'immenses cours d'eau et j'orientai la conversation sur le poisson soviétique, ce qui conduisait habituellement à de grands discours sur le caviar. Ça ne rata pas ! Nous approchions alors du terme du voyage. Les premières cheminées se profilaient à l'horizon. Ces monstres de 100 mètres de haut crachaient des fumées peu appétissantes. La route les évitait superbement, comme d'ailleurs elle contournait villages et banlieues, filant droit devant vers des objectifs mystérieux. « Savez-vous où va cette route ? » J'attendais la question. N'allions-nous pas de Perm à Goubakha, à travers les bois de bouleaux des abords de l'Oural ?

« À Goubakha, comme nous ?

– Non !

– Alors, elle franchit l'Oural par Ekaterinenbourg ! »

En prononçant ce nom, j'eus peur d'une réaction de colère :

la ville du martyre de la famille impériale en 1917 est un sujet tabou dont on n'aime pas parler en URSS. Rien de cela.

« Cette route ne va nulle part ! Elle n'a ni commencement ni fin.

– Alors, à quoi sert-elle ? », répondis-je, interloqué.

Le silence revint dans la voiture qui roulait à vive allure sans croiser quiconque. La révélation avait fait son effet et ils en paraissaient satisfaits.

Ce ne fut que lorsque nous quittâmes ce ruban d'asphalte rectiligne que j'eus le fin mot de l'histoire, quand mon hôte eut le courage d'aller au bout de ses charades.

« La route que nous venons de quitter n'a été ouverte à la circulation que l'an dernier.

– L'URSS construisait des routes pour les interdire au trafic ?

– L'URSS construisait ce qui paraissait utile au Comité central, non au peuple !

– Ah bon…

– Et la priorité allait toujours à la sécurité de l'Union !

– Et alors ?

– La route que nous venons de parcourir était réservée aux unités mobiles de notre dissuasion nucléaire.

– Alors pourquoi l'ouvrir ?

– Parce qu'elle est devenue inutile, nous l'avons livrée au public lorsque les Américains ont abandonné leur dissuasion mobile. Les camions porte-missiles, en perpétuel mouvement pour rendre leur repérage plus difficile, ont été remplacés par des sous-marins qui remplissent le même rôle en restant invisibles ! »

Très fiers de leur effet, ils se turent un bon moment pour le savourer. Puis :

« Demain, nous irons à la pêche à la truite ! »

Goubakha est une de ces villes improbables dont l'URSS avait le secret. Enfant de la guerre, le *Drang nach Osten* (« Marche vers l'Est ») a semé les germes d'une industrialisation à marche forcée qui en a fait un prolongement de la cité-région Perm, avec ses Perm 1, 2 et 3 et ses villes secrètes, sans nom. Longtemps interdites aux étrangers pour protéger les industries de défense, Goubakha et sa région ont été le terrain de jeu de la force de dissuasion avec ses unités de production de bombes, de fusées et ses sites de lancement souterrains. La reconversion des industries d'armement a été à la fois une catastrophe pour les salariés et une aubaine pour les bénéficiaires des privatisations, tous locaux, qui ont pris conscience que le monde était à portée de rail et que les produits de base pouvaient être une source de richesse mesurée en dollars.

Le but de mon voyage était la reconstruction d'énormes unités chimiques érigées par Armand Hammer à l'époque Brejnev. Au temps de la perestroïka, il était de bon ton, c'était la « nouvelle pensée », de brocarder l'ère Brejnev que Mikhaïl Gorbatchev avait dédaigneusement rebaptisée « l'ère de la stagnation ». Mais au cours de mes multiples équipées à travers l'URSS et ses avatars, je me suis rendu compte de la prétention de ces insinuations. Pour l'avoir vue sous tous les angles, je sais que l'industrie dont ont hérité les dirigeants de la Russie, et qui a permis de construire tant de fortunes pyramidales, est le fruit de l'effort d'investissement de l'époque Brejnev. C'est dans le secret des bureaux du Comité central, et sous la pression du KGB qui savait tout, que la direction s'était fixé l'objectif de rattraper l'Ouest. Comme c'était l'époque où l'URSS remboursait ponctuellement ses dettes, ils trouvèrent facilement sur les marchés internationaux les fonds nécessaires pour reconstruire des sites industriels qui dataient de la guerre, ce qui leur permit d'entrer dans la modernité avec des technologies occidentales. La suite fut moins glorieuse : la crise de 1980 qui vit l'effondrement du marché pétrolier inaugura des années de vaches maigres qui non seulement interdirent toute modernisation, mais firent entrer l'URSS dans le club des mauvais payeurs.

Le contrecoup de cet effort fut la faillite de l'URSS, événement incroyable pour les spectateurs non avertis et qui faisait remonter les mauvais souvenirs des emprunts russes contractés par les gouvernements tsaristes et révoqués par le gouvernement communiste. On avait presque oublié ce drame qui avait ruiné bien des petits épargnants français, mais qui avait permis à l'industrie française d'accomplir des prodiges techniques en Sibérie. Les premiers signes apparurent dès 1980. En décembre 1991, le pays se déclare officiellement en banqueroute. La légende veut que Mikhaïl Gorbatchev n'ait pas touché son salaire de novembre… Il devait d'ailleurs démissionner le 25 décembre, ce qui régla son problème, mais pas celui du pays.

Nous étions attendus à Goubakha. Les usines scrutaient avec impatience les horizons bancaires dans l'espoir de crédits improbables, et l'arrivée d'Occidentaux s'aventurant si loin de Moscou était de bon augure. J'avais en poche une martingale qui avait fait ses preuves dans les usines de l'Ouest et ça se savait. Les négociations furent donc courtes et bonnes et, trois jours plus tard, je quittai la région, non sans avoir participé à une pêche à la truite de légende dans des étangs « top secret » où les poissons vivaient en paix depuis des lustres. J'avais non seulement battu les Japonais, mais surtout les Allemands qui ne supportaient pas de nous voir piétiner leurs plates-bandes, mais qui avaient moins de créativité financière. Pour enlever au lecteur tout doute sur l'issue des contrats, les usines payèrent leurs dettes rubis sur l'ongle. Je n'ai d'ailleurs jamais eu la moindre difficulté à me faire payer dans ce pays réputé « à risque », mais où la parole donnée est respectée et l'honneur, un mot qui a du sens.

16

Le naufrage de l'Union soviétique : plus de peur que de mal

C'était sur l'Adriatique, le 20 août 1991.

Les vacances avaient été douces, en Grèce, et je rentrais tranquillement à Paris lorsque la musique se tut sur le bateau qui me ramenait à Venise. Une rude voix grecque annonça que Mikhaïl Gorbatchev était bloqué en Crimée dans sa résidence de vacances et, pour des raisons médicales, devait différer son retour au Kremlin. Je fus cloué de surprise. Voilà trois semaines, quand j'avais quitté le Kremlin, les premières mesures du Plan des 500 jours étaient prises, malgré l'échec de la réforme monétaire Pavlov du 22 janvier 1991 (Pavlov était devenu Premier ministre à la mi-janvier). Cette réforme, qui avait été décidée sans consultation des responsables du Plan des 500 jours, avait brouillé les cartes. La libération des prix, en provoquant une inflation à deux chiffres, engendrait un mécontentement général qui, évidemment, retombait sur Gorbatchev. J'avais été étonné de la décision de Mikhaïl de partir en vacances. Ce n'était vraiment pas le moment. La confusion était propice au développement de troubles. Puis, la radio annonça que c'était un coup d'État et que Valentin Pavlov faisait partie des cerveaux du « coup », avec le ministre de l'Intérieur, des patrons des « services » et de l'armée. Comment Valentin, que j'avais toujours considéré comme un pleutre, avait-il pu en arriver là ?

Les lignes téléphoniques avec Moscou ne fonctionnaient pas. Impossible de savoir ce qui se passait vraiment. Une photo de Raïssa avec son mari en tenue de vacances dans la résidence où ils étaient « retenus » apparut sur un écran de télévision. Les démocrates de Moscou appelaient à une manifestation de soutien. On disait que des chars entraient dans Moscou avec des régiments de la province profonde. Quelques heures plus tard, on entendit une déclaration d'une « junte » qui sentait l'improvisation, avec de vagues arguments sur les dangers auxquels le président exposait l'Union soviétique et le modèle socialiste. Le seul élément concret était que des troupes entraient dans Moscou pour maintenir l'ordre contre la manifestation prévue par les démocrates autour du Parlement.

C'est quelques semaines plus tard que j'eus la description hallucinante des événements par des témoins directs de l'Union internationale des économistes dont j'étais vice-président.

Le fantomatique comité de salut public qui prétendait démettre Mikhaïl Gorbatchev sous l'accusation de trahison ne tint pas longtemps la corde. Il ne contrôlait que quelques dizaines de gradés du KGB, parmi lesquels ceux qui gardaient le couple Gorbatchev dans sa villa de la mer Noire. L'armée n'avait pas suivi, gardant une position d'observateur. Les troupes envoyées théâtralement par la Maison blanche, le Kremlin de la République de Russie, n'avaient pas la moindre instruction de faire usage d'armes et, d'ailleurs, on le saura plus tard, elles n'avaient pas de munitions. Le pseudo face-à-face ne fit pas de victime. Mais il permit à un Boris Eltsine muet comme une carpe, président de la Fédération de Russie de Russie, de monter sur un char pour se faire photographier avec les tankistes éberlués de voir un dirigeant de la Russie leur prêter attention. Le cliché fit le tour du monde et donna à Boris ses galons de démocrate. Il avait sauvé la liberté de la Russie. La Douma ordonna aux chars de rentrer dans leurs parkings, ce qu'ils firent au grand dam du « quarteron de félons » pris au piège et prestement arrêtés... par le KGB. Le ménage fait, il ne restait plus qu'à faire rentrer Mikhaïl et Raïssa de vacances devant les caméras de la planète. L'accueil d'Eltsine fut le baiser de la mort. Quelques mois plus tard, les leaders de la Russie, de l'Ukraine et du Bélarus, les trois membres fondateurs de l'Union soviétique en 1922, se retrouvèrent dans une datcha d'apparatchiks à Belaveja au Bélarus, et, en deux jours, firent jouer l'article de la Constitution qui donnait aux républiques le droit de sécession. L'URSS avait cessé d'exister et Mikhaïl se retrouvait président d'un État virtuel. Il ne lui restait plus qu'à démissionner, le jour de Noël 1991, de peur d'être mis à la porte. Seul coup de chapeau à un homme qui avait provoqué la plus grande révolution de l'Empire russe : le Laurent Gerra local parodia le prétendu discours de vœux de Nouvel An de l'ex-président.

La perestroïka avait vécu, le Plan des 500 jours avait été jeté aux orties. Le ministre de l'Intérieur n'eut pas le courage d'affronter le tribunal et se suicida. Ce fut la seule victime de ce putsch manqué qui permit aux partisans de la décentralisation de se donner des airs de décolonisateurs. Pavlov fut arrêté avec ses collègues comploteurs et passa les cinq années suivantes en prison. Gracié par Boris Eltsine, le malheureux ne devait pas survivre bien longtemps à son incarcération. Quelques années plus tard, il mourut d'alcoolémie sans jamais avoir donné la moindre explication plausible à son alliance, lui l'*homo novus*, avec les forces les plus rétrogrades de l'URSS.

Gorbatchev, humilié, n'ouvrit plus la bouche. On lui avait garanti sa liberté, et la promesse fut tenue. Son ami Maurice Strong, le héraut de l'écologie parrain du GIEC et du Sommet de la Terre à Rio, l'invita à séjourner au Costa Rica où il devait passer pas mal de temps. Sa candidature à la présidence de la Russie en 1996 lui apporta 0,5 % des voix... Poussé par Strong, il présida la Croix verte, ONG aux vastes ambitions planétaires qui ne résistera pas aux turpitudes de son bailleur de fonds pris la main dans le sac dans l'affaire « Pétrole contre nourriture » en Irak. Sa vocation de leader mondial s'arrêta là. Il survit depuis dans la tristesse de la perte de son épouse Raïssa et la nostalgie de sa gloire passée.

Quelques années plus tard, je revis le président déchu. En lui rappelant l'aventure des 500 jours, je lui demandai des nouvelles de Stanislav Chataline, très malade. « Sakhaline ? » répondit-il... Le capitaine du *Titanic* avait chassé le naufrage de sa mémoire.

L'Union soviétique commença de s'éloigner. Le monstre artificiel n'avait finalement servi qu'à une chose : casser les reins de l'armée allemande, épargnant ainsi à l'Europe une ère national-socialiste qui aurait transformé le continent en camp de concentration. Tout le reste passa dans les poubelles de l'histoire.

Mais à Tverskaïa, il reste une chapelle secrète. Le club de rescapés du naufrage des plans de réforme économique de la perestroïka s'est réfugié dans la retraite douillette qu'il s'était préparée. Le décor immuable sent bon le brejnévisme. Les moquettes sont épaisses et les salles imposantes. D'immenses portraits des grands penseurs de la nouvelle économie garnissent les murs. Facture « réalisme socialiste ». Tableaux de commande. Meubles massifs. Téléphones antiques et samovars bouillonnants. On y vieillit sûrement et confortablement. On y gagne bien sa vie, on bavarde du bon vieux temps. On organise des voyages aux antipodes. Les ex-présidents de *pocket banks* y font fureur, fortunes faites. Des héros fatigués tournent en rond : ils ont eu leur heure de gloire. C'est grâce à eux que le communisme est tombé sans faire de victime. Ce n'est pas mince. Ils ne s'en vantent pas. Sorti de là, qui les reconnaît ? Qui se souvient de leurs noms ? Ils rasent les murs de peur que quelqu'un ne les agresse en leur reprochant les malheurs du temps.

Car, trente ans après, la quasi-unanimité s'est faite sur la responsabilité du naufrage de l'Union soviétique : c'est la faute à Gorbatchev ! Or, dans les faits, l'URSS a été dissoute le 8 décembre 1991 par Boris Eltsine sans la participation de Mikhaïl. Ce dernier a entériné cet accord le 21 décembre 1991 à Almaty, en présence de onze républiques soviétiques, avant de démissionner dans la foulée, le 25. Les anciens du Plan des 500 jours ont été rendus responsables de l'hyperinflation Pavlov. Puis du dépeçage de l'industrie russe à l'époque de la « thérapie de choc ».

Lorsque l'on contemple, en 2020, l'étendue du naufrage et la manière dont il a sonné le triomphe définitif des États-Unis sur le « bloc de l'Est », on ne peut guère avoir de doute sur l'effet de levier que les services américains ont mis en place pour s'assurer de la déchéance durable de leur ennemi. Ce qui est particulièrement habile, et peu courant de leur part, c'est que leur travail de sape s'est limité au démantèlement de l'économie russe. La suprême habileté des services américains fut de passer de la guerre froide à la paix chaude. Le temps d'un été, celui de 1992, Boris Eltsine était entre leurs mains, prêt à tout pour assurer un pouvoir vacillant qu'il avait gagné à l'esbroufe, sans verser la moindre goutte de sang, à l'un des carrefours les plus dangereux de l'histoire de l'*homo sapiens*... On lui envoya le Messie, qui, en 1992, ne pouvait sortir que de Harvard. Jeffrey Sachs en Russie, c'était la victoire annoncée de l'Ouest sur l'Est, sans dépenser un sou : Boris payait les honoraires. L'homme avait un superbe tableau de chasse : il avait sorti la Bolivie du trou ! En d'autres temps, cette référence même eut été fatale ! Mais on se raccrochait désormais à toutes les branches qui se tendaient. Le mot magique « thérapie de choc », sitôt lancé, fit florès. Fi des 500 jours, demain on rase gratis !

17

Dans un canot de sauvetage

De retour à Moscou, j'étais inquiet. Tous mes appuis politiques avaient sombré dans le naufrage. Il fallait quitter le bord. Tous mes amis se terraient chez eux, terrifiés par la perspective de toucher le fond avec le navire et son capitaine. À Paris aussi, on était inquiet, tant la guerre civile semblait proche. Les grands corps de l'État soviétique se mesuraient du regard et exerçaient leurs muscles pour la prochaine étape : le retour à l'URSS ou la fuite en avant vers la liberté... sans bien connaître les conséquences de ce bond dans le vide. Tverskaïa aussi était vide. Le Kremlin inaccessible, entouré de troupes sibériennes à l'allure intimidante. La Maison blanche était le vortex de la tempête et les conservateurs s'exfiltraient rapidement sous les huées des partisans du Premier secrétaire du PC de la Russie, Boris Eltsine. Valéry, le trader en chef de Tverskaïa, avait quitté le gratte-ciel voisin où se trouvait son bureau.

Le Comité central s'était fait harakiri. Viktor, qui connaissait tout le monde, et que j'avais pu coincer chez Stanislav

Chataline, me conseilla de trouver de nouvelles activités ou de quitter le pays. Lui qui, en claironnant cyniquement à Yam « L'URSS est un pays arriéré ! », avait mis la puce à l'oreille au gratin du CAC 40 européen, ne voyait d'autres issues à la crise que l'anarchie et la guerre civile.

Les nouvelles n'étaient pourtant pas mauvaises. Les médias décrivaient une situation calme sur tout le territoire et une hyperactivité d'Eltsine qui s'employait à mobiliser des appuis dans toutes les tranches de la société, depuis l'Église jusqu'aux municipalités et aux régions les plus excentriques. Principales composantes du pouvoir soviétique, le KGB et l'armée semblaient avoir eu leurs doses de promesses et se tenaient cois. Mais la partition de l'URSS posait des problèmes régaliens gigantesques dont le moindre n'était pas le service de la dette extérieure, que seule la Russie semblait capable de résoudre, et ce, malgré la liquidation des réserves de change qui mettait techniquement les républiques toutes neuves en faillite. Eltsine prit le taureau par les cornes. Les privatisations gorbatchéviennes avaient mis en selle la nouvelle génération communiste. Ils avaient pris la balle au bond et racheté, « pour rien », les « vouchers » inventés par Chataline et notre équipe des « 500 jours » pour transformer la propriété d'État en propriété populaire. Mais encore fallait-il avoir ce « rien », si l'on voulait prendre des majorités. Ces jeunes gens se tournèrent vers la banque d'État, la Gosbank, pour demander quelque monnaie. Ce redoutable bastion du communisme élitiste était dirigé de main de maître par un dinosaure, mis en place par son père, banquier de Staline, qui se préparait à passer paisiblement le flambeau à son fils aîné. Il répondit aux quémandeurs :

« Comment ! À notre époque vous devez trouver l'argent vous-mêmes. La banque centrale ne prête qu'aux banques : c'est inscrit dans ses statuts qui datent de Lénine ! » Il ne fallut pas longtemps pour que quelques malins comprennent le message. « Il suffit donc de créer sa banque et le tour est joué : elle va à la Gosbank, emprunte ce dont j'ai besoin et me le reprête dans la foulée ! » Et ce fut la ruée vers la création des *pocket banks* dont la chute organisée en 1998 scella la fin de l'ère Eltsine et la plus grande crise économique qu'ait connue la Russie au XXe siècle. Le magicien Guerachtchenko, avec l'appui empressé d'un FMI converti à la « nouvelle pensée » par l'« économiste » Jeffrey Sachs, qui multiplia les facilités à la Gosbank, put ainsi prêter à des banques sans capitaux. Celles-ci, en un tour de main, se retrouvèrent propriétaires de pans entiers de l'industrie russe, ceux qui rapportaient des devises : matières premières et produits semi-ouvrés – aluminium, acier ou engrais. En contrepartie, les nouveaux banquiers prenaient l'engagement de mobiliser l'épargne populaire, naguère ponctionnée pas les Caisses d'épargne (les Sberbank). Le plus imaginatif fut Khodorkovski qui créa la Menatep Bank, introduisit la carte Visa et pratiqua un marketing agressif pour attirer le chaland. Sa réussite fut telle qu'il put acheter la majorité des compagnies pétrolières, considérées comme les joyaux de la couronne. Les malheureux pigeons, tout fiers de montrer leurs cartes *gold* dans les « fourchettes » en ville, se retrouvèrent bien marris quand la superbanque ferma ses portes en 1999, ce qui dispensa son heureux propriétaire de rembourser ses dettes à la Gosbank. Milliardaire en un clic ! 200 000 clients ruinés ! Mais l'histoire ne se termina pas là.

C'est au milieu de ces troubles que je trouvai mon nouveau chemin. L'usine à laquelle je dus mon salut fabriquait des engrais, pas loin de la Baltique. L'accaparement des « vouchers » par le directeur général soviétique venait de se terminer. Et, comme de juste, le cash avait disparu pour financer le *leverage buy-out*. Or, il fallait produire pour alimenter la pompe, et l'équipement était à bout. Ces usines avaient été construites sous l'ère Brejnev par l'aventurier américain dont j'ai déjà parlé : Armand Hammer, alias « Arm & Hammer ». Son père, communiste américain avait, en 1917, accueilli la révolution d'Octobre comme le « printemps des peuples ». Immigré des shtetls d'Europe de l'Est, il avait une foi communiste intacte, doublée d'un tempérament de businessman. Volontiers provocateur, il n'avait pas hésité à baptiser son fils Armand, ce qui donnait un joli jeu de mots, car il s'appelait Hammer, c'est-à-dire « marteau » en allemand : le bras armé d'un marteau était le logo qui avait précédé la faucille et le marteau. Ainsi équipé, il recommanda son fils âgé de 20 ans à Lénine, qui l'accueillit poliment en 1919, par respect pour un homme qui l'avait aidé financièrement au pire moment de sa carrière. C'est ainsi qu'Armand se retrouva à Moscou au bon moment. Lénine avait besoin de devises. Les caisses étaient vides. Ce nouveau Lafayette convainquit son nouveau Washington de vendre des œuvres d'art sur le marché occidental. Devenu un riche négociant, Armand passa au point suivant : l'industrie soviétique des plans quinquennaux staliniens et le trading des matières premières. Occidental Petroleum était né et connut son heure de gloire sous Leonid Brejnev qui adorait Armand et en avait fait son conseiller pour le commerce avec l'Ouest. Bref, la découverte du gaz russe conduisit à la construction de toutes les usines d'engrais azotés de l'URSS, dont celle que je venais de découvrir.

Elle n'avait pas été entretenue depuis sa construction, trente ans auparavant, et le nouveau propriétaire se voyait fermer toutes les portes des grandes et petites banques. Je n'ai jamais oublié que j'avais été banquier dans une vie précédente. Je proposai donc ce qu'on appelait un « financement structuré », qui fonctionna. On me prit pour Docteur Miracle et les commandes s'accumulèrent. Au bout de quelques années, mon premier client jugea que le régime n'était pas assez stable et que ses acrobaties financières risquaient de se retourner contre lui. Il prit une chaloupe, laissa la clé de l'usine à des collaborateurs royalement payés, et choisit un douillet refuge au bord du Léman où il retrouva ses racines et devint l'un des plus grands dignitaires mondiaux de sa confrérie. La chaloupe avait tenu bon. Loin des lieux du naufrage, elle conduisit son passager vers la nouvelle existence qu'il s'était lui-même construite.

Je poursuivis la modernisation de son usine, qui est aujourd'hui un des leaders mondiaux du secteur.

Deuxième partie

APRÈS LE NAUFRAGE

Quatrième intermède

Renaissance

Embellie passagère, 25 octobre 2004

in *Chroniques éclectiques,* 2016

Sortie de crise... en attendant pire !

Il ne faut pas plus d'une heure et demie pour aller de Moscou à Samara, l'ancienne Kouibychev au bord de la Volga. L'avion est bourré. Je suis entouré de jeunes gens bavards. Le ciel est clair et la vue superbe. Les champs et les villages défilent, sillonnés par des rivières paresseuses qui roulent ça et là vers la Volga.

Que de changements en dix ans ! À l'époque, le tapis que nous survolons était comme écorché. Les champs étaient le plus souvent pelés et rugueux, par manque d'ensemencement et d'engrais. Les villages, vus du ciel, ne montraient pas les constructions neuves qui se multiplient.

La voiture qui nous conduit à la ville traverse des champs interminables et de nombreux troupeaux passent dans les pâturages. La nature est encore superbe en ce début d'hiver. La banlieue apparaît, hérissée de grues. Le centre n'a pas changé, avec son architecture soviétique uniforme que l'on retrouve à l'identique dans toutes les villes russes. Mais les nombreuses boutiques ont transformé l'aspect lunaire des rues, créant une animation inexistante dix ans plus tôt.

La chanson dit que c'est à Samara que l'on trouve les plus jolies filles. Les garçons sont pressés. Les voitures encombrent les rues. Mon métier est de construire des usines. Je rencontre mes clients. Celui qui me parle n'a pas 40 ans. Il y a six ans qu'il a créé un atelier de tôle ondulée qu'il vend à un public bricoleur dans ses centres de distribution. Il a démarré dans une usine militaire désaffectée louée pour une bouchée de pain et emploie maintenant une centaine de personnes. Cette année, il va vendre 60 000 tonnes de produits métalliques pour le bâtiment, entièrement « made in Russia ». *Son plan de développement : 100 000 tonnes en 2005. Et un investissement de 3 millions d'euros pour doubler sa capacité de production. Ses clients ? Les constructeurs de datchas et les petites entreprises du bâtiment de la région. À son échelle, le marché lui paraît illimité. Pour fêter l'été, il a emmené toute sa petite famille passer un mois à Monaco.*

Il me rappelle ce garçon de 30 ans qui, à Moscou, sans un sou, a créé en cinq ans une chaîne de 180 boutiques réparties dans toute la Russie avec un effectif de 500 personnes dans la niche des produits de soins corporels, et qui, aujourd'hui, essaime dans le monde slave et en Turquie ; des produits naturels et bon marché, mais élégants, vendus dans une ambiance conviviale et distinguée, et qui ont distancé Yves Rocher pourtant établi en Russie depuis vingt ans. Sa clientèle : la nouvelle classe moyenne qui s'étend rapidement grâce au développement tout neuf de l'économie. Il compte bien doubler encore sa taille d'ici deux ans et s'introduire à la Bourse de Moscou.

La Russie de demain est là. La jeunesse prend le pouvoir derrière un chef, à peine plus vieux qu'elle, et en qui elle se reconnaît plus qu'en aucun dirigeant depuis des siècles. Elle mesure l'humiliation que le socialisme, version communiste, a infligée à ses parents et grands-parents disparus avant l'âge et prend conscience avec un peu d'effroi de la clochardisation d'une partie de la population abrutie par les années de brejnévisme qui ont favorisé l'alcoolisme, la paresse et les mafias en tout genre. Sans pouvoir sur le passé, elle ne pense plus qu'à l'avenir et a abordé sans complexe le nouveau siècle.

Dans un pays où les milliardaires ont 30 ans, les ministres, 40, et le président à peine cinq de plus, elle a compris que le pouvoir lui avait été remis par ceux qui l'avaient précédée, pardonne leurs insuffisances, et se retrousse les manches. N'ayant hérité de rien, elle n'a pas de comptes à rendre ni de père à tuer et laisse courir son imagination à sa guise en s'inspirant librement des modèles qu'elle trouve de par le monde.

Pour la première fois depuis les emprunts russes, le flux des investissements est positif et l'argent russe rentre à la maison pour s'investir dans tous les secteurs de l'économie, catalysant ainsi une croissance plusieurs fois supérieure à celle de l'Europe occidentale. Le taux vient d'être revu à la hausse. Le pétrole n'y est pas pour rien, la Russie dépassant dorénavant l'Arabie saoudite pour s'installer au premier rang mondial. Mais cette manne n'est plus gaspillée comme sous l'ère communiste, où elle servait principalement à payer l'armement, la « conquête » spatiale, sans compter les subventions en dollars aux partis communistes occidentaux et une politique internationale paranoïaque. Les infrastructures sont réparées, Moscou, après s'être enrichi d'un périphérique de 104 kilomètres a construit un boulevard extérieur à huit voies et rénove tous ses réseaux souterrains. Même les trains, devenus propres, vont un tout petit peu plus vite... Le Transsibérien est désormais électrifié sur toute sa longueur. On économise une ou deux journées sur le trajet Moscou-Pékin !

Vu l'ampleur de la tâche, ce n'est qu'un timide début. Mais c'est un début. Les esprits forts remarquent que tout ceci est fragile. Ils disaient la même chose au début de l'ère Eltsine, lorsque le retour au communisme semblait être la menace de chaque jour, sans mesurer ce qu'avait d'insupportable ce régime pour la plupart des Russes. Les souffrances n'avaient épargné personne pendant les décennies passées sous le joug de tyrans paranoïaques. Pas une famille qui n'avait en son sein des exemples effrayants de l'injustice érigée en système de gouvernement.

Après plus de vingt ans de stagnation, la population voit enfin une amélioration de son sort. Elle se rend compte aussi que quelque chose a changé au Kremlin où le népotisme ne fonctionne plus. L'« Amicale des anciens du Comité Central », qui contrôlait la Russie postsoviétique, passe doucement la main et s'éloigne dans les brumes du passé. Son influence brouillonne avait largement contribué à l'impasse eltsinienne, jouant au-delà du raisonnable des antagonismes entre les organes du pouvoir : Douma, Kremlin, régions, KGB et nomenklatura. Elle est même contrainte de renier ceux qu'elle avait mis à la tête de l'économie russe, ces komsomols qui étaient devenus des oligarques. S'il n'est pas tendre, le Kremlin essaye d'être juste et de faire passer les intérêts du pays avant les siens et ceux de son clan. Les observateurs occidentaux sont attentifs à dénoncer les faux-pas les plus voyants, et ils ont raison, car aujourd'hui, la Russie est encore éloignée de l'État de droit selon les critères occidentaux. Et pourtant, l'évolution est réelle.

Il n'est plus exceptionnel de voir une entreprise étrangère gagner un procès devant un tribunal local. La lutte contre les juges iniques est engagée. La corruption, maladie endémique de ce pays depuis la nuit des temps, est enfin combattue. Un exemple : les automobilistes peuvent appeler sur-le-champ un numéro dédié si la discussion avec l'agent prend un tour ambigu. On pourrait aussi parler des douaniers, des agents du fisc et de bien d'autres administrations. On est encore loin de l'opération Mani pulite *(« Mains propres ») en Italie, mais les progrès sont notables et le mouvement est lancé.*

Les économistes font remarquer que la raison principale pour laquelle la Russie bénéficie d'un taux de croissance de plus de 6 % est la fermeté des cours des matières premières et en particulier du pétrole. On assisterait donc à une course de vitesse entre les indices des marchés et les investissements dont la poursuite serait directement liée à la fermeté des premiers. Pour qui connaît un peu la mentalité de l'ex-nomenklatura, qui a délibérément passé la main aux ex-komsomols pour éviter à la Russie les épreuves d'une nouvelle révolution et qui s'est faite la gardienne des capitaux dissimulés à l'extérieur depuis dix ans, il est assez clair qu'en cas de reflux des marchés, elle organisera le rapatriement d'une partie de ces sommes. Et d'autant plus volontiers que le rendement des capitaux investi, en Europe et aux États-Unis est beaucoup plus faible que les sommes investies aujourd'hui en Russie dans les secteurs des biens de consommation ou dans la distribution.

Pour qui a le courage de parcourir le territoire russe, les surprises abondent. Le pays se réveille après une décennie de paralysie. L'initiative n'est plus regardée comme politiquement incorrecte. Si elle n'est pas encore officiellement encouragée, elle n'est plus découragée et les esprits entreprenants font valoir leurs talents. Désormais habitués aux usages occidentaux, ils abordent le monde de l'entreprise sans préjugés, à la manière des Américains du XIXe siècle, découvrant la passion de bâtir et l'exerçant sans contraintes.

Il serait temps de porter un œil dépourvu de préjugés sur l'expérience russe qui se déroule à la porte de l'UE. Dans un désordre parfois déroutant, elle présente le caractère abouti du développement autofinancé par des ressources naturelles mineures, dans un contexte culturel résolument socialiste. Celui-ci, par son réalisme, pourrait à terme constituer une synthèse du libéralisme américain et de la social-démocratie européenne. La Russie constitue aujourd'hui, qu'on le veuille ou non, le Far West de l'Europe, absolument indispensable au retour de notre continent sur la scène mondiale en face des deux géants du siècle, la Chine et les USA. L'Europe devrait surmonter sa répulsion ancestrale vis-à-vis du géant oriental et songer que, sans doute, il y a plus et mieux à faire que de mener des combats d'idées sur la fracture sud-est de l'Europe, quand sa fracture orientale est encore béante.

18

Cœur d'empire : Togliatti (Volga)

C'était en 1995, sur la Volga, dans le bureau du patron d'une des plus grandes usines de l'URSS, quasiment en ruine, construite sous Brejnev par le plus excentrique des grands patrons américains, après Armand Hammer, que nous retrouvons à nouveau. Cet ami de Lénine et de Staline fit, tout jeune, sa première fortune en exportant, sur instructions de Lénine, les trésors des église russes et quelques grands tableaux de l'Ermitage qui aidèrent à calmer les premiers signes de rupture entre le prolétariat et le régime en permettant l'importation de produits alimentaires de base.

La ville porte le nom du défunt président du PC italien, le marquis Palmiro Togliatti. Elle est le siège de Lada, construite par Fiat en 1966. La première Jigouli, la Coccinelle soviétique, est livrée en 1970.

Le patron, appelons-le Dmitry, accueillait une petite délégation envoyée par une société occidentale qui voulait lui proposer de retaper ses lignes de production. Pressé par le temps, il la recevait après une visite des installations au pas de charge.

Dmitry s'était construit tout seul sous l'ère soviétique. Orphelin pendant la guerre, son père ayant succombé à une explosion dans la mine qui l'employait, il avait été pupille de la nation et, à ce titre, pris en charge par l'État, ce qui lui avait permis de devenir ingénieur. Son intelligence et son mérite lui avaient ouvert les portes des usines de sa ville, Perm déjà nommée, au piémont des Oural. Il était déjà patron d'une grande usine lorsqu'il fut désigné pour diriger la construction d'une unité industrielle géante dans la ville de Fiat. C'était l'usine vendue par notre Américain. Nous étions en 1975 et le brejnévisme sévissait avec fureur. Leonid Brejnev s'était donné pour mission de faire de l'URSS la plus grande puissance industrielle du monde. Il avait déjà réussi à en faire un des premiers producteurs d'hydrocarbures de la planète et l'usine devait permettre de transformer le gaz en engrais azotés pour développer les « terres vierges » de l'Asie centrale soviétique. Dmitry s'en tira remarquablement bien en appliquant à la lettre les méthodes de management socialistes, qui se résumaient très simplement par la carotte et le bâton. Et ça marchait si bien que son usine était devenue, en 1985, la première du monde dans son secteur. La production était supérieure aux besoins de l'URSS. Il commença donc à exporter. Ce fut un triomphe, les prix des produits étant sans concurrence. Cette manne fut vite ratissée par le « Centre » qui avait besoin de devises. Il en conçut un certain dépit, car on ne lui laissait même pas de quoi entretenir ses installations, et il décida de jouer au plus malin avec un fisc confiscateur. Il amassa des fonds à l'étranger. La privatisation eltsinienne lui permit, par des procédés tout à fait officiels, de devenir le propriétaire de son usine. Le magot était à lui.

En gestionnaire avisé, il l'utilisait pour acheter les équipements dont il avait besoin. Dmitry, grand patron, avait gardé le meilleur de la culture industrielle et sociale soviétique. Il avait deux priorités : faire marcher son outil au mieux de sa capacité et rendre son personnel heureux. Et, de fait, ses 15 000 employés étaient à sa dévotion. Et nous étions là pour l'aider à continuer.

Le déjeuner qui suivit la première séance de travail se tint dans la salle à manger directoriale. Tous les convives qui venaient d'Europe de l'Ouest furent impressionnés par le physique des serveuses. La chaleur de la vodka aidant, on commença à plaisanter sur ce thème. Dmitry eut le bon goût de faire semblant de ne pas comprendre les remarques. Ce n'est que bien plus tard que nous sûmes que l'attachement du personnel à son *barine* était réciproque et que ces sylphides étaient une preuve, parmi tant d'autres, d'une fidélité mutuelle.

Un voyage en Europe occidentale scella des accords industriels qui ne furent pas tenus par la firme européenne, ce qui déclencha une colère homérique et fit la fortune d'un des participants qui, outré par la désinvolture de la boîte qu'il représentait, prit le risque de la quitter pour tenir parole. Il y parvint sans grande difficulté et Dmitry lui prouva sa reconnaissance en le comblant de contrats qui, en quelques années, remirent les usines à niveau. Ce représentant, c'était moi.

Tout aurait pu continuer pendant des décennies si Dmitry avait accepté de jouer le jeu de la Russie nouvelle. Mais sa culture communiste et surtout sa nostalgie de l'ère soviétique en avaient fait un dinosaure dans le monde post-eltsinien où l'industrie avait été réduite à l'état de prétexte pour accumuler des fortunes pyramidales selon l'immortelle formule de Boris Berezovski : « Nationaliser les pertes et privatiser les bénéfices. » Le processus de reconstruction de son secteur industriel battait son plein. Des intrigants imaginatifs avaient organisé des martingales pour avaler les usines indépendantes les unes après les autres avant de se retirer, fortune faite, à Montreux ou à Londres. Ainsi, l'un d'entre eux qui, loin des ouvriers, se consacrait à plein temps à une association religieuse mondiale depuis son château helvétique. C'est toujours plus noble que de s'occuper de foot ou de collectionner des yachts à l'ancre onze mois par an ! Voilà notre homme pris sous le tir d'un premier candidat. Sa résistance entraîne des perquisitions et des contrôles fiscaux. Les ouvriers se liguent en sa faveur, allant jusqu'à manifester sur la place Rouge de Moscou à 1 000 kilomètres de là. La menace est écartée, mais Dmitry juge plus prudent de se réfugier en Suisse en emportant le cahier des actionnaires de sa firme pour éviter des tentatives de trucage des écritures. Un second vautour apparaît à l'horizon. Il reprend l'offensive là où le premier l'avait abandonnée. Le fisc revient à la charge. Une société fantôme irlandaise, du même nom que sa proie et qui possède une poignée d'actions, commence un procès. Dmitry se réfugie à Londres pour éviter l'extradition. Il gère la société par vidéophone et nomme un adjoint comme directeur général. Il ne faut pas longtemps pour que ce dernier soit pris dans la tourmente judiciaire et se retrouve à Londres. Idem pour le troisième et le quatrième. Mais le cahier des participations est à Londres et personne n'y a accès. Le propriétaire reste le propriétaire !

C'est pendant ce séjour à Londres que les travaux de rénovation furent menés à leur terme grâce à la bonne tenue des cours mondiaux des produits exportés. Dmitry n'était pas peu fier de ses prouesses : gérer à distance était une chose, mais développer la firme dans ces conditions tenait de la gageure. Voilà qui prouvait sa légitimité de patron historique et communiste.

Les choses continuèrent ainsi malgré d'autres tentatives d'OPA, certaines meurtrières, d'autres ridicules comme celle de l'ex-président de la Kalmoukie, patrie des échecs… Aujourd'hui encore, la firme reste fièrement indépendante et revendique sa pérennité au milieu d'un paysage industriel largement financiarisé. Qu'un industriel souhaite rester *pure player*, voilà qui est incongru dans la Russie de 2019, comme d'ailleurs partout dans le monde ! Rachetées par des financiers, les grandes firmes productrices deviennent des prétextes à plus-values sans que leur utilité soit prise en compte.

Les actions judiciaires engagées par les agresseurs ont toutes tourné à l'avantage de Dmitry et de ses alliés. Les usines ont été entièrement rénovées. Les ouvriers sont ravis et travaillent dans une ambiance motivante, regrettant seulement que l'équipe dirigeante soit encore empêchée de rentrer en Russie.

Et voilà comment, à Togliatti, cœur de la Russie industrielle, à deux pas de Renault, le meilleur du monde socialiste et du monde capitaliste a trouvé une synthèse forte et efficace, bien loin des idées reçues et des pensées uniques. Cela déplaît beaucoup !

19

En Crimée

C'est en 1993 que nous décidâmes de jeter un coup d'œil sur l'Ukraine. La situation semblait calme et nous commencions à négocier avec les grands conglomérats privatisés de Donetsk, membres du club Armand Hammer. Le premier président de ce pays encore improbable se nommait Leonid Kravtchouk. En tant que dernier dirigeant de l'Ukraine soviétique, il était un des signataires du fameux accord de 1991 stipulant la dislocation de l'URSS. Élu président le 1er décembre 1991 avec 61,6 % des voix, son aura démocratique le met à l'abri des éventuelles accusations de récupération.

Je souhaitais transporter ma petite compagnie de Yam à Kiev pour un dialogue direct avec Leonid, ce qu'il m'accorda facilement après quelques rencontres informelles. Mon cornac habituel, Raymond Barre, n'ayant montré aucune appétence pour l'Ukraine, j'eus l'idée saugrenue de proposer le rôle de président de conférence à un ancien Premier ministre français d'ascendance ukrainienne. Il venait de quitter son poste pour le passer à Édouard Balladur dans le cadre d'une des premières cohabitations de la Ve République. À ma grande surprise, Pierre accepta sans réserve et je pus confirmer sa participation à Leonid. Sans doute avais-je touché une corde sensible de cet éternel déprimé. Quelques jours avant la conférence qui réunit une trentaine de sociétés européennes de premier ordre, je revois mon président de séance dans son bureau de l'Assemblée pour caler les détails pratiques. Le surlendemain, la nouvelle de sa disparition fait la une des journaux. Bien penaud, j'informe Leonid de l'événement et lui demande conseil. Sans hésiter, il me suggère de contacter un ancien ministre de François Mitterrand. C'est ainsi que la conférence « Conversion des industries d'armement de l'Ukraine » put se tenir à l'heure dite à Kiev, puis en Crimée que Kravtchouk tenait particulièrement à montrer aux participants. La manière dont le gouvernement ukrainien, présidé par Leonid Koutchma, présenta sa feuille de route en matière de conversion et d'investissements étrangers découragea la plupart des participants et seuls un groupe de distribution et une société tabagique commencèrent des études d'implantation.

La présidence avait pourtant bien fait les choses, et même notre ex-Premier ministre toujours impassible fit mine d'être impressionné. Les réunions ne furent pas exilées dans un sanatorium de campagne, mais eurent bel et bien lieu à la présidence. Les ministre étaient au grand complet. Les « fourchettes » – nom donné en URSS aux cocktails, ce qui remplissait d'aise les francophones de passage – généreuses. Seul bémol, le vin qui s'obstinait, hélas, à être de Crimée.

Justement, la Crimée : le président avait prévu une visite en hélicoptère au départ de Kiev avec escale à Odessa et voilà notre flottille en route, dès le pensum de Kiev terminé. Laurent Fabius ayant promptement regagné Paris sans éveiller le moindre regret, la compagnie était moins formelle et la bonne humeur de retour. Le vol au ras du sol de la République d'Ukraine nous montrait un panorama identique à celui de la Russie : villes d'HLM et fermes collectives en jachère. Tout changea au-dessus de la Crimée. La mer Noire nous attendait.

Mais il faut d'abord raconter ce qui s'était passé à Odessa. Accueillis par les autorités locales, nous eûmes droit à une visite de la ville résolument orientée vers son passé européen. On nous expliqua comment la ville avait été créée en 1794 par la Grande Catherine après la conquête des bords de la mer Noire turcs, anciennement tatars, Pour la première fois la Russie avait accès à une « mer chaude ». Le traité de Jassy entérina la victoire russe en échange de son abandon du projet de conquête de Constantinople qui devait devenir, en changeant son nom en « Tsargrad », la capitale de l'Empire russe. Peu de monde se souvient que les fameux accords secrets Sykes-Picot signés en mai 1916 partageant le Moyen-Orient entre Français et Anglais dérivaient d'un accord encore plus secret Sazonov-Sykes-Picot de mars 1916, effacé par la révolution bolchevique qui prévoyait le retour de Constantinople à la Russie, selon le vœu des panslavistes, Dostoïevski en tête : « Oui, la Corne d'Or et Constantinople, tout cela sera à nous. » (*Journal d'un écrivain,* mars 1877). On nous expliqua aussi pourquoi cette ville portuaire avait reçu le nom du héros grec Ulysse (*Odysseus* en grec), comment sa construction avait été confiée à des Français et comment le duc de Richelieu fut nommé par Alexandre Ier gouverneur de la « Nouvelle Russie » et d'Odessa. Sa statue en pied au sommet des fameux escaliers du Potemkine et l'un des seuls souvenirs de ce personnage qui devait devenir le Premier ministre du roi Louis XVIII et marquer son passage par le traité d'Aix-la-Chapelle qui régla le départ de France des troupes d'occupation étrangères en 1818. Le peuplement du Nord de la mer Noire, désert humain mais trésor agricole fut effectué au pas de charge par Catherine et Alexandre Ier, sur le modèle prussien, en important des milliers d'Allemands, de Russes, de Grecs pontiques et de juifs. Avant leur extermination par les Roumains, alliés des Allemands, entre 1943 et 1944, Odessa était une des principales villes juives d'Europe. Les autochtones ukraino-polonais n'eurent pas grand-chose à dire, et les Tatars musulmans encore moins !

J'étais particulièrement intéressé par le port de Youjni, point de passage de toutes les matières premières de la Russie occidentale vers le Moyen-Orient et point d'arrivée du pipeline d'ammoniaque de Togliatti (le seul de son espèce avec celui du Texas). Transporter à – 30 °C sur 2 000 kilomètres un produit aussi toxique est un défi permanent qu'Armand Hammer avait relevé avec succès dans deux territoires. Construit comme un trait d'union entre deux grandes régions de l'URSS, il était devenu, la perestroïka progressant, et à la faveur de la privatisation qui avait fait des deux États les deux actionnaires, un point de fixation du conflit qui couvait entre Ukraine et Russie depuis 1988. Les Russes rechignaient à payer des droits de passage indexés sur le dollar et accusaient les Ukrainiens de se servir d'ammoniaque sans autorisation du propriétaire du produit. Cela pris, par la suite, un tour absurde, les Russes développant le port de Taman, à l'est du détroit de Kertch, pour rester indépendants d'un pipeline qui sera inutilisé.

On nous conduisit dans l'immense mémorial aux centaines de milliers de juifs massacrés par les Roumains en 1941. Moment particulièrement émouvant pour des gens qui, pour la plupart, étaient déjà nés en 1941.

L'arrivée de notre flottille à Simferopol fut brillante. Toutes les autorités de la péninsule étaient réunies autour des monstrueux MIL Mi-38 jaune et bleu. Les visites d'étrangers étaient rares, et des entreprises étrangères, ils n'en voyaient jamais ! La Crimée était laissée pour compte, livrée aux touristes moscovites désargentés et aux garnisons soviétiques qui l'étaient encore davantage. Le gouverneur pris un soin extrême à nous montrer le retour des Tatars qui avaient été déportés par Staline pour motif de collaboration avec les Allemands pendant l'occupation de la Crimée. Nous étions bien mal placés pour en juger, incapables de distinguer un Criméen d'un Tatar ! Il semblait cependant que d'anciens villages vidés de leurs habitants reprenaient vie. Nos guides tenaient beaucoup à nous faire visiter des « villages tatars » désertés pour nous expliquer que les autochtones allaient revenir du Kazakhstan reprendre les terres qui leur avaient été confisquées par les Soviets. Les statistiques ukrainiennes donnent une population majoritairement russe (65 % en 2014), des Tatars de retour (12 % contre 0 % en 1979 et 25 % en 1925) et des Ukrainiens pour 16 %. C'est du moins ce que l'on cherchait à nous démontrer. On reformait dans ces villages les structures d'administration héritées de l'Empire ottoman, assemblées coutumières nommées *Mejlis.* Mais on n'alla pas jusqu'à nous faire visiter le port de Feodossia (Caffa), jadis le plus grand marché d'esclaves chrétiens d'Europe.

Les dirigeants nous traitèrent royalement, à la manière russe adoucie par le climat méditerranéen. Les fruits et les légumes ravirent l'assemblée, le vin déçut. Nous avions affaire à des connaisseurs... Sébastopol nous étant interdit, il fallut nous contenter de voir la flotte de la mer Noire de loin, au cours de la petite croisière le long d'un littoral célèbre pour les conférences qui s'y tinrent pendant la dernière guerre et les combats de la guerre de Crimée en 1854 et 1856.

C'est la Grande Catherine qui mit la main sur la Crimée, territoire turc depuis la fin de l'Empire byzantin en 1453. À cette époque, les Tatars, descendants des Mongols qui avaient occupé la Russie jusqu'au XVe siècle, dominaient la Crimée, en en faisant le principal centre de commerce des esclaves chrétiens de l'Empire ottoman (d'où le nom slave). Saint-Pétersbourg lui laissa une certaine autonomie mais s'empressa, comme en Ukraine, de la peupler de chrétiens orthodoxes venus de toutes les côtes de la mer Noire (Gagaouzes-Turcs chrétiens, Grecs, Arméniens, Roumains) et de juifs. La presqu'île fut gérée de Saint-Pétersbourg et devint la principale base navale de la Russie sur les « mers chaudes », en attendant la création du nouvel Empire byzantin destiné au tsarévitch Constantin. La Révolution française en décida autrement et Constantin, se contentant d'être vice-roi de Pologne, refusa la couronne de Russie en faveur de son cadet, Nicolas Ier qui mourut pendant le siège de Sébastopol. La Crimée est donc passée de la Sublime Porte à Saint-Pétersbourg et restera sous contrôle russe, tsariste ou communiste jusqu'en 1955, année où Krouchtchev, lui-même ukrainien, décida d'un trait de plume, de la céder à la République socialiste soviétique d'Ukraine sans la moindre consultation de ses habitants. Eltsine était si pressé de virer Gorbatchev que la question de la Crimée ne fut même pas évoquée lors de la signature de l'acte de décès de l'Union soviétique de 1991. Nous visitions donc une province ukrainienne un peu particulière qui avait laissé à la Russie les bases navales soviétiques et une franchise de circulation illimitée sur son territoire. Un peu comme Chypre avec ses bases britanniques hors-sol. Mais aussi une question ouverte qui devait ressortir un jour ou l'autre. Territoire conquis de haute lutte par la Russie de Saint-Pétersbourg sur la Porte de Constantinople à la fin du XVIIIe siècle, au moment où l'Ukraine n'était qu'un concept, il est difficile de dire à qui appartient ce territoire très particulier de la « Nouvelle Russie » de Catherine II. Pour des visiteurs lacuniers comme nous l'étions tous, une seule chose était claire : nous n'étions ni en Russie ni en Ukraine, mais quelque part dans cette Chersonèse antique, Tauride chantée par les grands écrivains de l'Antiquité grecque où les incessants brassages de populations et de religions avaient empêché la naissance d'un sentiment national. Dévastée par la France et la Grande-Bretagne pendant la guerre de Crimée, tristement célèbre, qui avait transformé ce petit paradis en enfer, elle semblait ancrée dans la terre russe jusqu'à l'initiative personnelle de

Nikita Krouchtchev qui n'avait aucun sens. La seule solution raisonnable eut été de rendre à la Crimée le statut de République autonome qui avait été le sien à partir de 1921 jusqu'en 1945, avec vocation à l'indépendance. Il semble que l'Ukraine n'y ait pas pensé, et que la Russie n'y tenait pas tant que ça. Mais nous étions encore loin de l'annexion de 2014…

Pour des Européens, le site à voir en Crimée est le palais de Livadia, qui abrita la signature des fameux accords de Yalta ayant dépecé l'Europe dont Staline se réserva la part de l'ours en face d'un Roosevelt à peine vivant et d'un Churchill ivre mort. Nous ne fûmes pas déçus, puisqu'on nous donna accès à tous les appartements secrets et aux plus belles archives. On nous montra même les crayons de couleur ayant servi à tracer les nouvelles frontières de l'Europe et les degrés d'influence des signataires de l'accord de Moscou dans chaque pays (en pourcentage !). Les connaisseurs de notre petit club étaient un peu sceptiques sur les affirmations des guides officiels, mais ne voulurent froisser personne.

Quelques Tatars s'étaient joints à la délégation chargée de nous faire ses adieux lors de notre retour à Kiev. Séjour utile puisque plusieurs des groupes présents décidèrent de tenter l'Ukraine.

20

Lambeaux d'empire : Bakou

C'était en 1993, en Azerbaïdjan, au bord de la Caspienne.

Il y a eu une époque où ce pays au nom improbable n'existait pas. Bakou, célèbre pour la ruée vers le pétrole des premières années du XXe siècle, et la rivalité des familles Nobel et Rothschild, était une belle endormie. Le bord de mer était en ruine, le port squelettique avec ses grues dressées comme les grosses côtes d'une baleine échouée. Pas loin du centre, les derricks n'étaient plus que des tours de ferraille rouillées, reliées par des passerelles fantomatiques à demi englouties. La ville ne valait pas mieux, les immeubles de son heure de gloire laissaient voir des fentes zigzagantes et les constructions de l'époque soviétique, cubes anonymes défraîchis et délavés, tombaient en ruine.

Mais la vie n'était pas aussi difficile qu'en Russie, le petit peuple et les apparatchiks locaux ayant, comme leurs voisins arméniens, frères ennemis, et géorgiens, mille moyens de se faire un peu d'argent. Ici, c'était surtout le caviar qui créait un peu de richesse. Le pétrole, lui, était entre les mains de Moscou et régalait les pensionnaires à vie du Kremlin.

On est toujours surpris par les écarts de développement entre les républiques qui pouvaient disposer d'une partie de leur manne pétrolière et les autres. La différence de statut était ténue mais essentielle dans l'uniformité qui était la marque de l'URSS. Ainsi, Bakou était pauvre, mais Kazan était riche. La capitale du Tatarstan avait la chance de pouvoir retenir un peu de ce qui partait à Moscou pour alimenter le « Centre », pas l'Azerbaïdjan.

Bakou était devenue la capitale d'un État tout neuf, mais les frontières existaient à peine et il n'y avait pas encore de contrôles de passeport à l'aéroport de Bakou. Heureux temps pour les hommes d'affaires occidentaux en quête de commandes. Un « intellectuel » piloté par la Turquie, dissident notoire, Aboulfaz Eltchibeï, venait d'être élu président et avait chassé les communistes du pouvoir.

Avant de quitter la mairie de Moscou, Gavriil Popov m'avait fait inviter par le cabinet du président de l'Azerbaïdjan pour rencontrer des dirigeants d'entreprises d'État. Maintenant que les centrales d'import-export logées dans la cathédrale stalinienne de Smolenskaïa ne s'occupaient plus d'eux, ils devaient se débrouiller tout seuls sur le marché international. Privées de ces bureaux moscovites et despotiques, mais qui les dispensaient d'avoir à rechercher des fournisseurs et, surtout, de les payer, les sociétés d'État devaient s'astreindre à recevoir les patrons de passage, sans bien savoir, d'ailleurs, comment elles les paieraient. Je commençais mon tour des bureaux du centre-ville. Comme tout occidental, j'attirais l'attention. Logé dans le seul hôtel de Bakou, je me déplaçais dans des taxis poussifs, les vieilles Volga noires de l'époque brejnévienne. Mon russe rudimentaire suffisait aux discussions avec des interlocuteurs dont le turc était la langue maternelle et le russe guère plus brillant que le mien. Les distractions étaient aussi rares à Bakou que dans toutes les villes de province de l'URSS et, le soir venu, je m'ennuyais ferme dans une salle à manger monumentale et déserte, où le service se déroulait avec une lenteur qui n'avait rien de majestueux, mais traduisait plutôt la paresse incurable du petit employé soviétique.

Une nouvelle ère s'ouvrant dans ces républiques toutes neuves, je m'étais dit que la prime aux précurseurs pourrait peut-être exister. Les premières élections avaient favorisé les milieux intellectuels dissidents dont le chef de file avait été élu à la présidence, mais les expériences vécues alentour me persuadaient que la nomenklatura locale reprendrait vite le dessus et qu'alors tout reviendrait comme à la bonne époque soviétique : corruption et népotisme sous la protection paternelle de la *famiglia* au pouvoir (sans doute la même qu'avant). L'avenir me donna raison. Mais on n'en était pas encore là. Le nouveau président, un professeur idéaliste ignorant tout de l'organisation des réseaux de commandement et du pilotage d'une économie « obéissante », avait commencé de gouverner par des ordonnances que personne ne respectait. Les premières privatisations se faisaient à la mode Eltsine : transfert des pouvoirs aux dirigeants qui devenaient donc les premiers actionnaires de leurs entreprises. Pouvoir sans finances ! Je passais mes journées à signer des contrats sans recevoir un sou. On verrait bien : le pétrole était toujours là.

Les conseillers du président ne se contentaient pas d'arranger des réunions. Ils m'avaient pris sous leur aile et me couvaient. L'un d'eux, Salim, était chargé de me faire découvrir Bakou *by night*. C'était un gaillard bosseur et joyeux. Il se montrait aussi actif le jour que le soir et me faisait découvrir les raffinements orientaux de la ville. Il brûlait, visiblement, de montrer ses capacités physiques à un Occidental de son niveau. Il attendit pourtant le dernier soir pour faire sa grande démonstration éthylique. Vous prenez un verre à bière. Vous le remplissez de vodka. Vous le saisissez entre les dents. Les mains derrière le dos, vous avalez la vodka en une lampée. Le verre vide, vous le reposez délicatement sur la table. Le plus difficile reste à faire : retourner à sa voiture en marchant droit. Ce qui fut fait. Le lendemain matin, à 9 heures tapantes, Salim vint fièrement à ma rencontre à mon arrivée à la présidence.

Les autres conseillers étaient moins flamboyants. Ils savaient les difficultés à rester au sommet dans ce contexte instable, avec un président faible, une guerre avec l'Arménie mal lancée et un Parti communiste en pleine résurrection. Ils n'avaient pas tort : Salim perdit son poste dans les jours qui suivirent. Plus aucune nouvelle de lui. Ses collègues, plus habiles, gardèrent leur poste après le coup d'État qui suivit la défaite contre l'Arménie et le retour au pouvoir d'Aliev, l'ancien Premier secrétaire du Parti communiste d'Azerbaïdjan.

L'hôtel était plutôt vide. J'eus la surprise d'apprendre que le nouvel ambassadeur de France venait s'y installer en attendant de trouver un bâtiment pour l'ambassade qui devait ouvrir prochainement. Un beau matin, je le rencontrai au *breakfast*. Nous sympathisâmes autour d'œufs à la coque dont nous étions amateurs. Après quelques considérations sur le Quai et le récit détaillé d'une carrière squelettique, le diplomate, dont c'était le premier poste, finit par m'avouer qu'il s'ennuyait avec voiture et chauffeur. Il attendait son audience présidentielle, mais Eltchibeï ne semblait pas du tout pressé de le rencontrer. Sans cet examen de passage, tout contact avec le ministère local lui était impossible. Alors que faire ? Je voyais toujours arriver les week-ends avec terreur et lui suggérai une petite excursion pour le prochain.

« Quelle bonne idée ! répondit-il, mais où aller ?

– Je suis curieux de la Caspienne. Pourquoi ne pas faire l'aller-retour jusqu'à la frontière perse ? On verra quelques champs de pétrole et les villages côtiers qui, m'a-t-on dit, sont pittoresques.

– Dans ce cas, il me faut un laissez-passer. Je vais demander à mon chauffeur de s'en occuper. »

Le chauffeur fut à l'heure et la voiture prit la route côtière qui longe la mer Caspienne en direction de l'Iran. Nous fûmes vite lassés du paysage aussi monotone à droite qu'à gauche de la route. Seules distractions, quelques chameaux transformés en camions de livraison et qui, de temps à autre, longeaient la route dans un sens ou dans l'autre. La côte basse était parsemée de lagunes insalubres laissant apercevoir par moments quelques derricks rouillés entourés de charpentes métalliques corrodées par les eaux. On avait l'impression de longer un cloaque incertain plutôt que la mer annoncée par la carte et les panneaux en cyrillique qui se répétaient régulièrement. Peu de maisons. Les hameaux que nous traversions méritaient à peine le nom de village tant leur aspect était misérable, comme d'ailleurs leurs habitants.

« Nous sommes invités à déjeuner par le maire de Lankaran, dernier village avant la frontière », dit l'ambassadeur qui semblait penser à autre chose.

Nous arrivâmes dans un semblant de ville et nous arrêtâmes devant la maison du maire qui nous accueillit à grand renfort de gesticulations. Je me dis qu'ils devaient manquer de distraction et que l'exotisme de cette visite devait faire remonter la cote de l'élu en lui donnant un petit air civilisé.

Installés sur la terrasse du jardin de l'édile, nous fûmes gratifiés d'un repas sans prétention malgré le caviar à la louche qui nous laissa un agréable souvenir. En quittant notre hôte, on réalisa que tout ce qui nous avait été servi provenait du jardin et de la mer proche. Salades, fruits, légumes, volaille, mais aussi piments, vins, jus et même eau de source. Le caviar provenait de l'élevage personnel du maire. Et le thé, du jardin, comme d'ailleurs le sucre, du champ de canne voisin. Les galettes de pain, préparées dans la cuisine de la mairie, étaient cuites avec le blé du propriétaire.

« Voilà une expérience de plus en plus rare dans le monde d'aujourd'hui, commenta l'ambassadeur. J'espère que nous ne serons pas malades ! »

Je ne répondis pas, rêvant aux légendes de mes ancêtres de Colchide sur les trésors de la région, et me félicitant d'avoir découvert par hasard un de leurs descendants. Pas de quoi faire vibrer l'ambassadeur qui continuait de s'ennuyait ferme en attendant de retrouver son hôtel et sa sieste.

La frontière était hérissée de barbelés et d'obstacles divers. Une nuée de soldats cherchaient à s'occuper, sans grand succès apparemment. On voyait un grand drapeau iranien dans le lointain. On nous fit signe de faire demi-tour malgré le fanion arboré sur l'aile droite avant. Sans doute une réminiscence de la rancune persistante des Persans vis-à-vis de la conquête russe de la province de Tabriz au XIXe siècle.

Le retour à Bakou fut rapide et silencieux. Je terminai mon dimanche sur la promenade défoncée du bord de mer, au milieu de la foule ayant envahi une sorte de Luna Park soviétique lagunaire qui rendait l'âme. Le communisme avait uniformisé les régions de l'URSS et celle-là n'y avait pas échappé.

Bien des années plus tard, à l'occasion d'un contrat, je retrouvai un Bakou métamorphosé. L'argent du pétrole avait été investi dans la reconstruction de la ville qui rappelait maintenant celles du golfe Persique. De gigantesques tours dominaient une corniche neuve qui avait doublé de largeur. La foule était bien habillée, les filles superbes. Tout respirait l'insouciance, maintenant que la paix avec l'Arménie était conclue. Les buildings des grandes compagnies pétrolières internationales arboraient fièrement leurs logos. La vieille ville, celle des Nobel et des Rothschild, restaurée, avait repris son air de petit Paris 1900 de la Caspienne, avec les boutiques de luxe qui allaient avec. On sentait que tout était sous contrôle. J'en eus confirmation au cours de négociations qui eurent une heureuse issue. Les décisions se prenaient au palais présidentiel dont le propriétaire était toujours l'ex-Premier secrétaire du Parti communiste. Malade, il préparait le passage de pouvoir à son fils aîné selon la tradition orientale. Le pays s'était rétréci sous la poussée arménienne, mais la bande de frontière de quelques kilomètres avec la Turquie, conclue en 1922 entre Kemal et Lénine, qui subsiste, donne toujours à l'Azerbaïdjan le degré de liberté dont il a besoin pour exister et retrouver au XXIe siècle sa culture turque traditionnelle. Entre Moscou et Ankara, l'antique Empire des Séfévides joue habilement l'équilibre. À quelques mois de là, je ne fus pas surpris de découvrir sur la mer Égée, à quelques kilomètres de l'ancienne capitale du roi Mausole, aujourd'hui Bodrum, une marina entièrement azérie. Le clou de la croisette était une magnifique Rolls des années 1920, voiture officielle du chef du PC azéri de l'époque. C'est là que je retrouvai le joyeux buveur de vodka de Bakou.

L'Azerbaïdjan a investi officiellement 5 milliards de dollars en Turquie au cours des cinq dernières années. En réalité beaucoup plus. La Turquie est le refuge de tous les apparatchiks et oligarques qui ont le malheur de déplaire à la famille Aliev.

De l'autre côté du Caucase, la Russie est le rideau de protection contre l'ennemie héréditaire, l'Arménie chrétienne soutenue par une puissante diaspora.

Tout en construisant des unités industrielles pour la Socar, compagnie pétrolière de l'État, je respirais la grande nostalgie des empires disparus. Ce que je ressentais à Prague, à Istanbul, à Kiev, à Moscou, je le retrouvais à Bakou chez les élites comme dans le peuple.

« C'est bien de boire dans son verre, m'avait glissé un jour Eltchibeï au terme d'une soirée intime, mais on a du mal à s'en servir tant il est petit ! » Il va falloir s'habituer à la modestie.

Cinquième intermède

Jours tranquilles en Russie

Juin 1995

Chroniques éclectiques, 2016

Où l'on voit un certain Vladimir Putin, en voie d'être nommé patron du FSB, courtiser des banquiers...

Comme Peterhof est beau en ce soir de nuit blanche !

Rutilantes, les fontaines dorées lancent au ciel des eaux étincelantes qui ruissellent en cascatelles sur les escaliers aveuglants de blancheur. Les armes de la Russie, aigle à deux têtes surmontées de la couronne fermée de Byzance, trônent fièrement au faîte du bulbe baroque planté par Pierre le Grand sur l'aile d'honneur du palais. De-ci de-là, dans le parc et sur les parterres, des personnages baroques accueillent avec étiquette les banquiers endimanchés pour qui, ce soir, Perterhof s'est mis en gloire.

Une haute silhouette moustachue, coiffée d'un tricorne familier, fait les honneurs des salons d'apparat. L'illusion serait complète si les banquiers ne se battaient pas pour se faire photographier avec Pierre le Grand.

La fête bat son plein. Entre deux « fourchettes » arrosées de vodka, des créatures de rêve présentent la mode pétersbourgeoise de cet été 95, légère, légère, coquine et tellement seyante ! Une mezzo-soprano pleure Tosca et de superbes chanteurs entonnent le Miserere de la Liturgie de saint Jean Chrysostome *revu par Tchaïkovski.*

Sans respect pour l'étiquette, des moustiques cannibales osent profaner la majesté de l'heure bleue offerte à cent banquiers bedonnants par un maire fringant auprès de qui se tient, à sa droite, le seul gouverneur de banque centrale féminin du monde.

Même si le feu d'artifice manque d'éclat, lancé contre un ciel laiteux de solstice pétersbourgeois, la remontée du rouble – qui, en un mois, a repris 10 points au dollar –, ajoute encore à la solennité du moment.

Le temps, pour la première fois peut-être depuis dix longues années de course avec l'Histoire, semble s'être arrêté au-dessus de la Russie en ce divin mois de juin 1995.

Des bords de la Neva à ceux de la Léna, le petit peuple russe, celui qui, avec son sang et avec ses larmes, a tissé la trame tragique de l'histoire russe, s'est donné, avec le soleil, le temps de vivre.

Avec les vacances scolaires, qui commencent fin mai, les enfants ont déserté les villes pour s'installer dans les datchas et les camps de boy-scouts qui ont succédé aux pionniers à foulard rouge. Les parents en profitent pour bronzer au bord de la Neva, déjeuner dans les guinguettes, se promener sur les bateaux-mouches ou faire du lèche-vitrine dans des rues où les boutiques se multiplient pour montrer aux passants tout ce que le monde moderne peut offrir de tentations. Légères et court vêtues, les adolescentes offrent au promeneur éclairé le spectacle d'une jeunesse libérée, insouciante et ambitieuse.

Partout, dans les grandes villes et aux alentours, les chantiers s'activent. Si celui de la cathédrale du Sauveur de Moscou, immense basilique, construite pour célébrer la défaite de Napoléon et plastiquée par Staline, est une fourmilière où, de jour comme de nuit, semaine et dimanche, s'activent des nuées de maçons et de camions, est le plus impressionnant, les HLM, les immeubles de bureaux, mais aussi les maisons individuelles poussent à vue d'œil. Tout autour de Moscou, le doublement du super-périphérique crée des embouteillages monstrueux.

Nos banquiers, eux, qui achèvent leurs agapes dans la paix des jardins du Versailles russe, à Peterhof, au bord du golfe de Finlande, peuvent savourer leur triomphe. Même si Madame le gouverneur de la Banque de Russie, pour plaire à Monsieur le directeur général du Fonds monétaire international, leur a imposé des réserves obligatoires gargantuesques, se condamnant ainsi à racheter des centaines de millions de dollars pour empêcher la monnaie américaine de chuter trop vite par rapport au rouble, leurs bilans sont superbes. Des banques qui n'existaient pas cinq ans auparavant gagnent aujourd'hui des millions avec des actifs de plusieurs centaines de millions de dollars.

La bancarisation de la population bat son plein, les bons du Trésor se vendent comme des tablettes de chewing-gum. Les gadgets bancaires s'arrachent : qui n'a pas sa carte plastique, ses distributeurs de billets, ses réseaux de télécommunication à grand débit est un demeuré qui n'a de hâte que de cesser de l'être.

Dans l'industrie, le jeu des chaises musicales bat son plein. Restructurations, fusions, rachats se succèdent à la faveur du reclassement des titres émis lors des privatisations. Les faillites des uns font le bonheur des autres. Tout le monde se met à fabriquer n'importe quoi, dans une frénésie de « conversion » qui subit une sélection darwinienne implacable.

La multiplication des supermarchés, centres automobiles, galeries de meubles, restaurants, donnent au Russe moyen l'impression que le temps de l'abondance est à portée de voix. Qui n'a pas sa voiture l'aura l'an prochain. Qui n'a pas son appartement à lui est un maladroit qui n'a pas su mettre à profit les opportunités offertes par la grande période de privatisation de 1991-92. Qui n'a qu'un salaire est trop paresseux pour en avoir deux.

Au-dessus de toute cette agitation fébrile, ponctuée de longs week-ends ensoleillés où le temps devient immobile, bien au-dessus, il y a l'État, la politique et les politiciens. Avec cet humour russe d'autodérision, l'État, la politique et les politiciens sont la cible unique de l'ironie populaire.

Un législateur qui ne légifère pas assez, un judiciaire qui juge bien peu et un exécutif qui passe son temps à lutter contre les deux premiers, constituent la troïka du pouvoir que chacun ignore, brocarde, et s'ingénie à éviter.

Après avoir, pendant tant d'années, marginalisé l'opinion, voici qu'à présent, le pouvoir est à son tour marginalisé par celle-ci. On fait comme s'il n'existait pas et quand, par hasard, on le trouve sur son chemin, on s'arrange pour le mystifier, à la russe.

21

Lambeaux d'empire : Tbilissi

C'était à Tbilissi, quelques semaines après l'indépendance de la Géorgie, dans le palais d'un tout nouveau président au nom imprononçable : Zviad Gamsakhourdia.

Quelques semaines plus tôt, au cours d'une réception à Londres, par vain désir de vérifier ma réputation toute neuve, j'avais lancé sans y penser à une vieille princesse Dadiani, qui me suggérait d'aller exercer mes talents en Géorgie, que je ne m'y rendrais qu'à l'invitation du nouveau président. L'instant d'après, j'avais oublié ce « mot ». La dynastie des Dadianides avait régné sur une province de la Géorgie qui avait attiré l'attention des curieux à la fin du XIXe siècle par le truchement d'un roman peu connu de Jules Verne : *Kéraban-le-Têtu*. C'est l'histoire d'un riche marchand de Constantinople qui, afin de ne pas acquitter un nouveau droit de péage pour traverser le Bosphore, décide de se rendre à Scutari en faisant le tour de la mer Noire. Il en profite pour venir enquiquiner les Caucasiens et singulièrement les Mingréliens, qui étaient gouvernés par la famille des Dadianides depuis le XVIIe siècle. Le dernier héritier de la dynastie est un Français qui se trouve être en même temps descendant du maréchal Murat, le célèbre cavalier de Napoléon, roi de Naples mort devant un peloton d'exécution en essayant de retrouver son royaume après Waterloo. Plus mingrélien que maints Mingréliens, ce sympathique personnage attend à Tbilissi avec sa nombreuse famille que les Géorgiens décident de rétablir la monarchie. Pour rien au monde, il ne voudrait rater ce moment qui, dit-il, est inéluctable. En attendant il est tour-opérateur.

À ce moment de mon histoire, je ne savais encore rien de tout cela et pensais à autre chose. Un mois plus tard, j'eus la surprise de recevoir une invitation officielle du président géorgien. Une délégation m'attendrait à Moscou pour m'accompagner à Tbilissi. La curiosité me poussa à décaler des réunions pour dégager les trois jours nécessaires. À l'aéroport de Moscou-Domodedovo, au milieu de la pagaille ordinaire, je rencontre mes hôtes. La délégation de cinq personnes est conduite par une superbe Géorgienne, Tatiana, dont l'éclat pâtit d'une tenue soviétique de type « travailleuse ». Avec le billet, elle me remet un mot gentil du président. Curieux de tout, je déchiffre le prix du voyage sur le chiffon de papier censé représenter un billet d'avion à l'époque soviétique. L'équivalent d'un aller-retour dans le métro londonien. « Pauvre rouble ! », pensai-je le temps d'être happé par la cohue de l'embarquement. À bord, les toilettes, grandes ouvertes, sont occupées par des voyageurs. À l'atterrissage, l'équipage déboule en tête à la manière soviétique ; derrière lui, une petite foule sort du cockpit. J'ai la clé de l'énigme en protestant contre la perte de mes bagages restés à Moscou. Tatiana m'explique que l'équipage fait commerce de toutes les places disponibles et même des sièges improbables que j'avais vus occupés. Les passagers clandestins remplacent les bagages des passagers réguliers. Vive l'Aeroflot !

Tbilissi me trouve donc d'humeur songeuse, sans bagage, dans la résidence des hôtes de la république naissante. Les traditions étant ce qu'elles sont, il faut subir l'épreuve de la vodka avant d'aller se coucher en tee-shirt. Tôt le lendemain, je suis réveillé par un bodyguard tout excité de m'annoncer que ma valise est dans le hall. Le président m'attend.

Le palais présidentiel est l'ancien siège de la direction politique de la République socialiste de Géorgie. Au bout d'un tapis dont la longueur reflète l'importance du personnage, le bureau de Zviad Gamsakhourdia est d'une simplicité spartiate, avec juste ce qu'il faut de symboles patriotiques. Le personnage qui se lève pour m'accueillir est petit, mais massif. Un système pileux surdéveloppé lui donne l'apparence d'un homme des bois. La conversation s'engage dans un anglais hésitant.

« Cher Monsieur, je sais qu'il a fallu un peu de temps pour que vous vous décidiez à venir me voir. Et pourtant, je crois savoir que ce pays ne vous est pas étranger.

– Président, vous êtes bien renseigné. Certains de mes lointains ancêtres ont vécu dans votre province, mais il y a bien longtemps qu'ils l'ont quittée pour tenter leur chance ailleurs. C'est la première fois que je viens ici et je suis particulièrement flatté de le faire à votre invitation et peu après la proclamation de votre indépendance.

– Vous qui connaissez bien la direction russe, que pensez-vous de ses intentions à notre égard ?

– Votre compatriote, ex-ministre des Affaires étrangères de l'URSS, ne semble pas vous porter dans son cœur. Il a encore pas mal d'influence au Kremlin. Attention qu'il ne cherche pas à vous voler la place !

– Le peuple est avec moi. Je ne risque rien !

– Les peuples sont versatiles et sans mémoire. Qui est pour vous aujourd'hui peut être contre demain, s'il est habilement manipulé. Et les Russes ne manquent pas d'habileté.

– La Géorgie est indépendante et les Russes n'ont plus voix au chapitre. Jamais je n'accepterai le moindre diktat du Kremlin !

– J'espère que vous ne serez pas mis devant ce dilemme. Mais tous les États sont esclaves de la géographie. Et la Géorgie est un petit pays coincé entre la Turquie et la Russie.

– Ni l'un ni l'autre. La Géorgie fera ce qui est bon pour son peuple et rien d'autre !

– Je vous le répète : je souhaite que vous n'ayez pas à choisir. »

Le président commence à s'énerver de mon arrogance. Il passe au vif du sujet : les investissements occidentaux, objet de l'invitation. Je lui expose les motivations et les exigences des candidats possibles. Le téléphone sonne. Son attention est ailleurs.

« On m'appelle pour le Conseil des ministres. Suivez-moi pour que je vous présente à mon gouvernement ! Vous pourrez leur répéter ce que vous venez de me dire sur les capitalistes étrangers qui veulent venir ici. »

Nous traversons le hall et entrons dans le salon du Conseil. Une quinzaine de personnages se lèvent, le temps que nous prenions place.

« Messieurs, je vous présente un ami français que l'on me recommande depuis Londres et qui fait des merveilles en Russie, me dit-on. Sa famille est originaire de notre province de Mingrélie. Je lui ai demandé de venir nous dire ce que nous pourrions faire pour convaincre les capitalistes occidentaux de venir s'installer chez nous. Je lui demande de vous répéter ce qu'il vient de me dire. »

Et se tournant vers moi, il ajoute :

« Cher Monsieur, les ministres que vous voyez autour de cette table sont presque tous des Mingréliens ! »

Un peu surpris par cet accueil, je trouve la phrase et la mine qu'il faut pour montrer que mes racines caucasiennes sont toujours vivantes.

– Nous sommes tous Mingréliens, mais je suis le seul à porter ce nom !

Le succès est immédiat.

Le lendemain, dans l'avion de Moscou, j'étais loin de me douter de la tragédie qui allait suivre. Ce ne fut qu'à mon retour au Kremlin que je compris. Le commentaire du Premier ministre, sans appel, me laissa peu d'espoir de revoir Zviad. Et, de fait, moins de deux ans plus tard, l'ex-président de Géorgie, remplacé dans des circonstances peu claires par le dernier ministre des Affaires étrangères de l'URSS, fut retrouvé mort dans son repère de l'Elbrouz, d'où il tentait de revenir aux affaires au milieu de ses Mingréliens impulsifs, batailleurs, et individualistes, vrais descendants de ceux qui avaient inspiré Jules Verne.

Longtemps après, le troisième président de la Géorgie, élu après la mort de Chevardnadze, m'invita à revenir. Accueilli en héros, j'eus la confirmation de la légèreté et de l'inconséquence de ce peuple cherchant en permanence à rejeter sur ses voisins la responsabilité de ses erreurs. Le donquichottisme atteignit des sommets lorsque l'armée géorgienne attaqua par surprise les troupes russes en Ossétie du Sud le jour précis de l'ouverture des Jeux olympiques de Pékin. Le massacre de civils fut suivi d'une débandade telle que Tbilissi fut menacé. Pendant ce temps la télévision géorgienne passait tranquillement un film sur… ma saga familiale.

Maintenant que sa nouvelle présidente est française, on peut tout espérer.

Sixième intermède

Fouquet à Pignerol

Article refusé par tous les bons quotidiens,

5 novembre 2003

Khodorkovski : - 200 000 pauvres ruinés - 10 ans de prison
Madoff : - 2 000 riches ruinés - 150 ans de prison
Qui a dit « droits de l'homme » ?

Le 5 septembre 1661, Fouquet est arrêté à Nantes sur ordre du jeune roi Louis XIV. Une ère s'achève : celle des traitants, ces financiers qui firent les fins de mois d'une régence aux abois. Une autre commence : celle de l'État, symbolisée par Colbert. L'Histoire a fait le bilan de ce coup et même les pleurs du brave La Fontaine n'ont pas racheté la figure de Fouquet.

La Russie nouvelle doit, elle aussi, se purger d'une époque douteuse pendant laquelle les dépouilles de l'Union soviétique ont été partagées entre quelques clans par des « Mozart de la finance » qui en ont largement profité. L'inculpation du dernier des oligarques, Mikhaïl Khodorkovski marque la fin d'une époque : celle des robber barons, *et la naissance de l'État de droit depuis longtemps réclamée par l'Ouest.*

De quoi s'agit-il ? Pour comprendre les enjeux de la crise actuelle, il faut revenir à l'époque d'Eltsine. La Russie était mise au défi par les États-Unis et l'Union européenne de privatiser au pas de charge les entreprises d'État qui possédaient plus de 80 % de l'économie. Sans bourse de valeurs, sans banques dignes de ce nom, dans un pays où les grandes fortunes n'existaient pas encore. C'était la « thérapie de choc ». Nous étions quelques-uns à l'époque à mettre en garde le pouvoir et les organisations internationales contre les risques de spoliation inhérents au système des « vouchers », baguette magique mise au point par les bons docteurs de Harvard avec, à leur tête, Jeffrey Sachs, et vendue au Kremlin par les soins du FMI.

Les actifs des secteurs de l'énergie, des matières premières et des industries de base ont été ainsi hâtivement répartis entre le personnel, le management et quelques « structures financières » naissantes qui devaient devenir, en quelques années, les fameuses banques champignons, artisans et victimes du krach de 1998. Il n'a pas été difficile à d'astucieux aventuriers de détourner à leur profit les vouchers des salariés et des structures de portage à leur solde pour les racheter avec des fonds provenant de prêts accordés par la Banque centrale et provenant des fonds sociaux, des salaires de fonctionnaires et des caisses de retraite. Le tout dans une période d'hyperinflation où les roubles remboursés n'avaient qu'un lointain rapport avec ceux empruntés.

Mais c'était encore trop cher. Ces « banques » n'avaient d'autre avenir que la banqueroute, divine surprise pour les intelligents emprunteurs qui virent, du jour au lendemain, toutes leurs ardoises s'effacer. Ainsi Mikhaïl K. avait-il eu soin de tuer la banque Menatep, une des gloires de la « nouvelle économie » russe. Tabula rasa. *Le krach de 1998 a été le triomphe de cette « bande des 13 » à la mode goulasch qui avaient décidé, depuis 1992, de mettre la main sur la Russie nouvelle. Un Berezovski n'avait-il pas lancé publiquement, à cette époque, que l'effondrement de l'URSS le transformerait, lui et ses amis, en milliardaires (sur la base du dollar...) ? Le défi était devenu réalité. La classe politique ne pouvait plus se passer de ces hommes indispensables et de leurs appuis cosmopolites.*

L'étape suivante, ou du moins telle que certains la rêvaient, consistait à vendre très cher aux multinationales des blocs de contrôle de pans entiers de l'économie russe de manière à consolider définitivement les fortunes des oligarques, de leurs épigones et de leurs « clients ». Cette stratégie cadrait parfaitement avec l'orthodoxie libéraliste du Fonds, de la Banque et de Bruxelles. C'était le plus sûr et le plus rapide moyen d'assurer à la Russie les investissements étrangers massifs dont elle avait absolument besoin. En termes strictement économiques, c'était génial.

Mais comment faire de bonnes économies sans bonne politique ? Toutes les nations se sont trouvées, un jour ou l'autre, devant le même dilemme : le « laissez faire, laissez passer » de Frédéric Bastiat est acceptable jusqu'au point où il met en danger l'État en rompant le contrat social implicite qui est le ciment unitaire de toute nation. Les États-Unis l'ont vécu il y a un siècle, lorsque la série des présidents corrompus, Taft et consorts, a dû céder la place à des dirigeants acceptant le contrôle de la nation sur l'alliance incestueuse du « big business » *avec le* « big power ». *Personne ne conteste plus aujourd'hui que ces opérations chirurgicales étaient indispensables à l'épanouissement d'une vraie démocratie. Et cela n'a pas empêché les vrais hommes d'affaires, les Rockefeller, Morgan et autres Vanderbilt de continuer de s'enrichir, mais par d'autres moyens, plus conformes à l'éthique de la démocratie.*

En Russie, nous en sommes là. Nous avons à la tête du pays un homme totalement désintéressé, intelligent, jeune, choisi par cet improbable Pater patriae *qu'a été Boris Eltsine, après que de nombreux candidats se sont révélés inaptes. Discuter de savoir s'il est dans le camp des* siloviki *ou des libéraux, si les premiers ont fait un coup d'État contre les seconds et se sont emparés du prochain terme du président est absolument oiseux pour ceux qui connaissent le personnage depuis ses années d'obscurité à Saint-Pétersbourg.*

C'est sans aucun doute le premier dirigeant russe à se préoccuper du bien-être de ses concitoyens et du partage des fruits de la croissance depuis Alexandre II. Sa déclaration du 27 octobre, en réponse aux attaques consécutives à l'inculpation du magnat du pétrole, est sans ambiguïté, et il n'y a aucune raison de mettre en doute la parole d'un homme qui a toujours dit ce qu'il fait et toujours fait ce qu'il dit : « Tout le monde est égal devant la loi, quel que soit le nombre de milliards qu'il a sur son compte ou sur ceux de ses sociétés. Sans cela, nous ne pourrons jamais forcer quiconque à payer ses taxes, ni abattre le crime organisé et la corruption. »

Il faut, en effet, en Russie comme ailleurs, faire la différence entre les hommes qui doivent leur fortune aux services qu'ils ont rendus à la société et ceux qui la doivent à leurs réseaux asservis à leur astuce. À de rares exceptions près, les premiers, seuls, ont droit au respect : les Edison, Gates, Agnelli, Peugeot, Michelin par exemple sont de ceux-là. Il n'est pas sûr qu'ils accepteraient dans leurs rangs les Berezovski, Khodorkovski, Abramovitch ou

Maxwell, dont la principale activité a été l'« asset-stripping *» et la spéculation, à l'école de financiers dévoyés de la City.*

Il n'est pas évident que les oligarques soient coupables. C'est à la justice de le démonter. Mais il est sain qu'un pouvoir ait la volonté et la force de se poser la question, de contraindre son administration à mener des enquêtes et de mobiliser la justice pour la recherche de la vérité. Voilà des hommes qui, partis de rien en 1990, ont accumulé des fortunes pyramidales sans rien apporter à l'économie russe, en pure spéculation dans un climat thermidorien. Hurler au despotisme et invoquer les droits de l'homme est à la fois naïf, hypocrite et malhonnête. Que tel ou tel lobby international se mobilise pour leur compte est une chose ! Que le public soit trompé à ce point par les médias est, à proprement parler, une escroquerie intellectuelle.

Il existe aujourd'hui un État de droit en Russie. Les organisations internationales ont passé dix ans à le construire. Nombreux sont ceux, en leur sein, qui se réjouissent discrètement de le voir commencer de fonctionner.

La Russie du XXIe siècle a de nombreux comptes à régler avec son histoire. C'est son problème, pas le nôtre. Que notre vigilance s'exerce sur l'envergure de sa démocratie et de l'État de droit. Le reste est son affaire. Fouquet à Pignerol a reconnu lui-même qu'il l'avait mérité. Qu'en sera-t-il de Monsieur K. à Matrosskaïa Tichina ?

22

Dans une bouteille à la mer

Ma chérie,

Me voilà de nouveau à Moscou, sans toi. Le tardif printemps de mai est enfin arrivé. Les platanes disséminent ces flocons blancs qui, dans les parcs, rappellent qu'il y a peu, il neigeait encore. Le ciel est clair. Les jolies filles sont au rendez-vous, déjà court vêtues. Les rues piétonnières qui encadrent le Bolchoï sont encombrées par une foule joyeuse qui sort goûter les prémices de la belle saison. Les magasins rivalisent d'élégance, les terrasses des cafés se remplissent. La journée sera splendide. On a réservé des places pour *Le Prince Igor* qui est donné ce soir au Nouvel Opéra. En attendant, il ne nous resterait qu'à entrer dans ce bonheur de la nouvelle lumière si cher aux peuples du Nord. Mais tu n'es plus là, et mon plaisir est amer. Te souviens-tu de cet endroit quand, pour la première fois, nous le visitions, il y a trente ans ? Le soleil était le même. Il n'y avait pas de promeneurs, seulement des silhouettes, sacs plastiques au bout du bras, qui se ruaient vers des devantures où des queues kilométriques signalaient qu'il y avait quelque chose à vendre. Pas de boutiques, de méchants trottoirs pleins de trous, de gros miliciens un peu partout. Et des lieux bien cachés que l'on nous faisait visiter sous le sceau de la discrétion pour nous démontrer qu'il y avait, quoi qu'on en dise à l'Ouest, abondance au pays des Soviets. Rappelle-toi le « Soleil trompeur » du mai soviétique, lorsque l'on savourait la fin de l'hiver tout en redoutant les privations de l'été, les vacances dans une datcha délabrée, au milieu d'un village sans rue, sans eau courante et sans électricité, épiés à chaque instant par les mouchards du comité de village. Le film de Nikita Mikhalkov, enfin.

J'ai choisi l'hôtel que nous fréquentions à l'époque, l'un des plus anciens de la ville, le *Savoy* en face du palais des jouets dont nous connaissions les couloirs secrets de la nomenklatura. C'est là que nous avons été agressés une nuit de 1989 par des silhouettes hurlant à la mort. Cette fois-là, le milicien de service a été l'envoyé du ciel qui nous a dégagés de nos agresseurs. Une fois en sécurité, le concierge de l'hôtel nous reprocha notre marche nocturne, à l'heure des « sourds-muets », un groupe de handicapés sans ressources qui essayaient, sans ouïe et sans voix, de faire la manche pour ne pas mourir de faim. Un brutal coup d'œil dans les caves du paradis des travailleurs.

J'ai au moins la consolation de penser que tu étais encore avec moi l'an dernier et que tu as connu ce bonheur de mai dans un Moscou ressuscité par un « *baron Haussmann* » promu et encouragé par Gavriil Popov, président, entre autres, des

Grecs de Russie, que je t'ai présenté voici quelques années dans l'antique Raguse. Sa dernière idée avant de quitter la mairie : remplacer l'horrible hôtel krouchtchévien *Rossia* (celui où il fallait des patins à roulettes pour franchir les centaines de mètres de couloirs qui aboutissaient toujours à des ascenseurs en panne) par un immense jardin terminé par un demi-pont coupé au-dessus de la Moskova, comme symbole de ce retour vers la vraie culture russe qui se vit aujourd'hui dans ce grand pays. Dans n'importe quel autre pays, on aurait planté là un pharaonique hôtel *Peninsula* qatari, accès réservé à l'oligarchie. Au prix du terrain avec vue sur la place Rouge ! Mais quel joli jardin !

Par un soir de pleine lune, alors que les arbres sont encore vierges de feuilles et que les dômes dorés forment un écrin à Saint-Basile et aux fières tours du Kremlin, quelle merveille ! J'y étais encore hier soir et contemplais deux fois, une pour toi et l'autre pour moi.

La renaissance de Moscou n'est pas une figure de style : pour qui n'est pas venu depuis dix ans, la ville est méconnaissable. Les façades sont brossées, les arrière-cours sont propres, les trottoirs déroulent leurs kilomètres de granit fraîchement installé. Tu te souviens de ces promenades sinistres dans la ville des années 1990. Tout était triste et laid, à l'image du régime aux abois de l'époque. La capitale provinciale d'un empire planétaire. Qui eût pu imaginer à l'époque que la transformation serait si rapide et que Moscou deviendrait, pour la première fois, une « ville monde » ? *A contrario*, il faudrait beaucoup d'imagination pour reconstituer la Moscou du naufrage soviétique.

Il y a aujourd'hui, en ce printemps russe, une douceur de vivre inconnue des générations qui ont blanchi sous le joug de l'autocratie puis sous celui du « socialisme scientifique ». Elle est palpable dans la rue, dans les lieux publics, dans les trains et dans les avions, dans les restaurants bondés de clients aux aspects divers. Depuis les Caucasiens rustiques jusqu'aux Chinois raffinés, tous les types asiatiques et mongols se mêlent dans un patchwork qui rappelle la vocation historique de la Russie, chargée par la géographie de gérer les espaces infinis des steppes sibériennes. Ce spectacle ravive l'éternelle interrogation des Occidentaux au sujet des Russes : européens ou asiatiques ?

La question est bien relativisée aujourd'hui, alors que la culture européenne sous sa forme abâtardie américaine a conquis la planète tout entière. Le premier signe identifiant est le vêtement. Mis à part quelques tribus reculées et les derniers tenants du costume mahométan, la planète n'a qu'une mode qui évolue au gré des blogs des maestros d'opinion. Le reste suit : éducation, famille, activité professionnelle et grands invariants des valeurs à la mode. Que penser des Russes, que l'on dit, chez nous, en équilibre entre l'Europe et l'Asie ? Je crois que le spectacle, que tu as connu, de cette ville au soleil du mois de mai donne la réponse. En raisonnant *a contrario* : qu'y a-t-il d'asiatique dans ces avenues ensoleillées ? Rien, sinon les touristes chinois, ici comme partout ailleurs. Et encore, s'ils voyagent aussi loin de chez eux, c'est qu'ils ont pris leurs distances avec la culture centrifuge de l'empire du Milieu. Un film : américain. Une série : mexicaine. Une musique : classique pour les gens cultivés, américaine ou anglaise pour les autres. Des bien françaises, Aznavour ou Mireille Mathieu… Des livres : russes ou occidentaux. Des tableaux : européens. L'exposition Répine en témoigne : un immense succès. Une architecture : américaine aujourd'hui, française au XIXe, italienne au XVIIIe siècle. Une religion : chrétienne pour l'immense majorité irriguée par le canon de Constantinople (que Catherine II appelait « Tsargrad »). Aucun des grands créateurs russes n'est allé puiser aux sources orientales, sauf pour faire des pièces de genre, orientalistes, donc exotiques. Pour les sciences et la technique, ils n'avaient évidemment pas le choix : les tentatives scientifiques chinoises, indiennes ou arabes sont toutes mortes dans l'œuf. Bousculés pendant des siècles par les envahisseurs de l'Est, les Russes n'ont pas cherché refuge à l'Ouest comme tant d'autres. Victimes de la géographie, loin de tout, ils ont choisi de rester chez eux. Cela a demandé courage et résilience : ils en ont fait preuve pendant tout le XXe siècle. Victimes de l'espace, ils en ont fait une arme. L'histoire a balayé tous les empires sauf celui-là. L'emblème national, l'aigle bicéphale de Byzance, qui regarde l'Est et l'Ouest, est le symbole de leur histoire. Mais ils n'imaginent pas un moment que l'avenir puisse être à l'Est. L'Europe irait-elle donc caresser le Pacifique ?

C'est avec tout cela en tête que je milite depuis trente ans pour un rapprochement définitif avec la Russie. Même si je suis à contre-courant. Les générations futures se débrouilleront donc parfaitement sans moi…

Mais revenons aux choses sérieuses : toi et moi…

23

La nostalgie des empires

Le 25 avril 2005, au cours d'une célébration solennelle devant l'Assemblée de la Fédération de Russie, Vladimir Poutine, qui aime bien l'emphase, a déclaré que « la chute de l'URSS a été la plus grande catastrophe géopolitique du XXe siècle ». Il n'avait pas pris la mesure des événements qui avaient suivi la fin de la Première Guerre mondiale, et il énonçait une opinion personnelle pas vraiment partagée, ni par les sujets ni par les citoyens de l'URSS.

Pendant plus de dix ans, parcourant l'URSS et tous ses avatars, je n'ai cessé de penser à cette grande expérience du XXe siècle : la fin des empires. Nulle autre période de l'histoire n'en a vu périr autant en si peu de temps : moins d'un siècle. La Première Guerre mondiale a rayé de la carte les empires ottoman, autrichien, prussien et russe. Ce dernier, immédiatement reconstitué sous la botte bolchevique, n'a survécu que quatre-vingts ans. La fin de la Seconde Guerre mondiale a vu la fin des versions « coloniales » de ces assemblages d'ethnies disparates : Grande-Bretagne, France, Portugal, Espagne, Belgique et, en Orient, le Japon. Et le siècle n'était pas terminé que l'URSS coulait, se décomposant en une dizaine d'états improbables, qui, pour la plupart, ne pouvaient compter que sur la Russie pour commencer à exister. L'Empire romain, lui aussi, était mort deux fois, en 476 à l'Ouest et en 1453 à l'Est. Près de mille ans entre ces deux dates : l'histoire s'est accélérée !

L'URSS est le dernier empire à avoir succombé à la flèche du temps. Avoir vécu cet épisode de l'histoire de l'humanité relativise les jugements définitifs que des idéologies ont prononcés sur ce phénomène. J'ai eu le privilège et la chance de me trouver au bon endroit au bon moment et de pouvoir parcourir le champ de bataille en tous sens, un peu à la manière de Fabrice à Waterloo, tout en étant un des rares observateurs non russes brièvement installés à l'intérieur de cette machine à s'autodétruire qu'était devenue la dictature du prolétariat. La dialectique de l'impérialisme, « dernier épisode du capitalisme », qui a meublé l'éducation de ma génération d'axiomes définitifs, s'est retournée contre elle-même devant mes yeux en me faisant vivre la fin d'un impérialisme communiste succombant aux contradictions internes que j'avais, avec bien d'autres, déchiffrées dans de précédents ouvrages. C'est le destin des empires que de mourir un jour. Le XXe siècle en est une démonstration convaincante, même si on ne peut la dire définitive, l'histoire étant le domaine des phénomènes uniques sur lesquels aucune expérimentation n'est possible, en dehors de ces « démonstrations par la pensée » surréalistes auxquelles se sont livrés les marxistes, pour lesquels le fanatisme faisait office d'axiome de la « nouvelle pensée ».

Le naufrage de l'URSS et la survie de la poussière d'États qui en ont hérité, sans qu'un seul coup de feu ait été tiré, sont un miracle qui défie l'imagination. Jusque-là, l'écroulement, sous les coups d'immenses coalitions, d'empires qui bravaient les siècles, s'accompagnait de gigantesques holocaustes. Aucun ne s'était effondré sur lui-même. Le centre avait toujours résisté jusqu'au dernier assaut. Et là, j'assistais à une destruction par le centre lui-même d'un empire qui se croyait bâti pour le reste de l'histoire humaine. Spectacle unique qui redonne confiance en la sagesse des hommes.

Jusqu'à présent, j'ai essayé de décrire le « comment » de cette destruction, à travers ce que j'en ai vu et entendu. Trente ans plus tard, la question à laquelle il me faut répondre pour boucler ce chapitre de ma vie est : « Pourquoi ? » Qu'est-ce qui a fait sombrer ce Léviathan qui était devenu la terreur du reste de l'humanité, qui occupait un quart des terres émergées, depuis Berlin jusqu'à l'Alaska, qui avait résisté à trois millions d'Allemands enragés, qui avait précédé les États-Unis dans la course à l'espace et rebâti en vingt ans une armée qui donnait des maux de tête à l'Amérique ?

Des milliers de livres sur le sujet garnissent les bibliothèques. La plupart ont été écrits par des idéologues pour lesquels le monde fonctionne en « -ismes ». Les disciples d'Adam Smith carburent au libéralisme et ceux de Marx au communisme. Pour les premiers, c'était écrit, et pour les seconds, c'est parce que leur « -isme » a été trahi et que l'URSS ne construisait pas le communisme... Ce naufrage a montré à la face du monde, après un bon siècle d'errements, comment l'homme, emporté par des rêves destructeurs, se suicide sous les décombres de ce qu'il a su accomplir, mais qu'il détruit lui-même.

Pourquoi donc ce naufrage ?

J'ai vu sombrer le dernier empire occidental, le plus ambitieux après celui de la Grande-Bretagne, qui, lui, n'a pas résisté à la guerre civile européenne du milieu du XXe siècle dont il est sorti en lambeaux. Au contraire, le socle de l'Empire soviétique a été son triomphe sur l'Allemagne. Déjà bordé par l'Alaska, il a annexé la Baltique et s'est offert le luxe de narguer les États-Unis dans leur fief des Caraïbes avant d'étendre son manteau sur une partie de l'Afrique. Il fallait entendre Mikhaïl Gorbatchev, comme j'en ai eu le privilège, se gausser de l'aide que lui proposait l'Union européenne qu'il accusait de vouloir traiter l'URSS comme celle-ci traitait l'Éthiopie... Une des premières choses qui m'a frappé en découvrant l'URSS était le tableau des horaires des vols domestiques de l'Aeroflot. Tous étaient à l'heure de Moscou, alors que le pays couvre neuf fuseaux horaires. Le passager d'Irkoutsk devait donc refaire trois fois son calcul pour être sûr de ne pas rater son vol ! Difficile de faire plus jacobin ! Moscou était le centre de tout. On en plaisantait au milieu de la Sibérie, lorsqu'un journaliste de Kemerovo, sur l'Ob, m'expliquait pourquoi les usines locales pratiquaient le *« stop and go »*, constamment soumises à des ordres et des contrordres de la hiérarchie. Je lui demandai ce que faisait la direction, il me répondit : « Très simple ! Le patron de l'usine vit à côté de son téléphone, de jour comme de nuit. Il attend un appel de Moscou. Celui-ci reçu, il réveille l'usine pour exécuter l'ordre du "Centre". Il prend grand soin de mettre en route la nouvelle série, et d'appeler Moscou pour un compte rendu. Puis, il se rendort, attendant le prochain appel » On peut affirmer sans risque de se tromper beaucoup que 10 000 bureaucrates à Moscou faisaient, à eux seuls, fonctionner un empire de 300 millions de sujets, sous la surveillance relâchée d'un Comité central vieillissant où l'on buvait beaucoup. C'est dire la liberté dont jouissaient les provinciaux. Abreuvé de rapports truqués, le « Centre » somnolait tranquillement, pensant que tout allait bien pendant que la périphérie se livrait à son activité favorite : la discussion sur le lieu de travail entre deux longs séjours au « prophylactorium », maison de toutes les aises et de tous les rêves.

Les seules crises dignes d'être traitées sur-le-champ étaient celles qui touchaient à la cohésion de l'Empire ou à son image internationale. Alors, rien ne pouvait arrêter la rage du « Centre » qui faisait donner ses bras armés : le KGB et l'armée. Programmes nucléaire et spatial étaient dans les mains de l'armée. La recherche était largement alimentée par le KGB via ses postes dans les lieux où les entreprises occidentales étaient à la pointe dans chaque domaine. Les centres de recherche « passaient » régulièrement des « commandes » au KGB qui se faisait rémunérer pour son travail de taupe. C'est ainsi que des milliers de procédés technologiques et de brevets ont afflué vers l'URSS, permettant au pays de tenir son rang en tête du classement des grandes puissances. L'exemple le plus caricatural, parce que le plus visible, a été celui du Tupolev supersonique construit sur les plans dérobés en Grande-Bretagne et en France et que les Russes eux-mêmes, qui n'étaient pas dupes, avaient surnommé familièrement le « Concordski » ! Son explosion au Salon aéronautique du Bourget devant des millions de téléspectateurs est la parfaite parabole de la chute de l'URSS. Elle résumait, à elle seule, toutes les faiblesses d'un empire basé sur un « -isme » élevé à la hauteur d'un Évangile.

En 1970, quand le Concorde est mis en chantier en France et en Grande-Bretagne, tous les services de renseignements américains et soviétiques sont commissionnés pour suivre le projet et apporter aux deux gouvernements des arguments incitant à suivre ou ne pas suivre. Les Américains parviennent sans difficulté à juger de l'utopie de la démarche qui n'a rien de dangereux pour l'aéronautique nationale. La conclusion du Comité central est diamétralement opposée. La nomenklatura soviétique a, de tout temps, été fascinée par l'air et l'espace. Elle a toujours donné son feu vert aux projets les plus insensés. Une des banques les plus zélées au service du Comité central était la défunte Promstroïbank, longtemps dirigée par un ami maintenant disparu. Son rôle se rapprochait un peu de celui de la Caisse des dépôts française qui règne sur les investissements publics. Elle était mise à contribution pour chaque grand projet du CC. L'espace étant le plus prestigieux, elle finançait la construction de la fameuse fusée lunaire qui a explosé sur le pas de tir de Baïkonour, tuant des centaines d'ingénieurs et le général en chef du projet.

Le « Concordski » est né de cette ambiance. Le Comité central a demandé au KGB de livrer les principaux secrets technologiques des moteurs et des systèmes au consortium mis en place par Tupolev. Les informations obtenues par le truchement habituel des organisations communistes françaises et les taupes britanniques, le CC fixe au constructeur des délais insensés pour présenter le prototype en 1973 au Bourget. Avec le succès que l'on sait, qui a interrompu brutalement sa carrière.

Tout le développement industriel de l'URSS s'est réalisé selon ce modèle. Son succès en temps de guerre : le déménagement de toute l'industrie soviétique à l'est de l'Oural en moins d'un an a permis à l'armée soviétique d'écraser les Allemands en trois ans. Un vrai miracle ! Mais le modèle s'est révélé catastrophique en temps de paix. Le contrôle absolu sur la vie et la mort des exécutants n'était plus possible. L'enthousiasme politique ne pouvait égaler l'enjeu patriotique qui avait saisi le pays tout entier pendant le conflit à la vie à la mort avec l'Allemagne.

L'agriculture ne produisait plus grand-chose pour la raison fort simple que les fermes collectives d'État les plus importantes, les « sovkhozes », fonctionnaient comme des usines avec des horaires et des salaires fixes ne tenant aucun compte des aléas climatiques. L'industrie fabriquait en petites séries des articles qui tombaient en panne à la moindre occasion et qu'il fallait réparer en permanence.

Les échecs répétés des plans quinquennaux *postbellum* ont conduit le Comité central à s'appuyer sur des structures

« capitalistes » pour remédier à l'incapacité de l'administration soviétique à organiser cette « économie obéissante» qu'elle chérissait. C'est ainsi que l'industrie pétrochimique a été entièrement dotée de process et d'équipements occidentaux pendant ce que Mikhaïl Gorbatchev devait appeler plus tard les « années de stagnation ». Le budget soviétique était incapable de prendre en charge de tels investissements, il a fallu faire appel à la City et aux banques américaines avec remboursement en pétrole. Endettement monstrueux. Tout a déraillé lorsque le pétrole a baissé. Lorsqu'il a remonté, c'était trop tard : l'URSS avait sombré. L'ère de la stagnation a été celle d'un suicide lent.

Voilà pour le pan économique.

Maintenant, la déchéance sociale.

Le pays avait trois classes : la nomenklatura, les « travailleurs » et les esclaves.

Nous avons parlé des deux premières. Nous avons aussi parlé de la troisième. Le compositeur soviétique de la fin de l'ère stalinienne Aram Khatchatourian avait composé le ballet *Spartacus* sur le thème, très populaire à cette époque, de la révolte des esclaves. Staline mourut avant la première qui fut donnée à Leningrad en 1956. Or, le dictateur avait construit un système où des millions de travailleurs effectuaient les tâches les plus ingrates sans le moindre salaire ni la moindre liberté. On avait baptisé cela du nom poétique de « camp de rééducation ». En fait, c'était le Goulag. Un rouage essentiel de l'économie, chargé de toutes les infrastructures. L'ensemble des routes, des ponts, des mines, des barrages, le métro de Moscou et celui de Leningrad, les voies ferrées, les canaux, tout cela faisait partie de l'archipel du Goulag. Les vaticinations sur les révoltes d'esclaves dans l'Empire romain permettaient de noyer le poisson, ainsi que les études guidées par le « matérialisme historique » qui expliquaient doctement que Rome était morte de l'esclavage. En effet, celui-ci exonérait Rome de produire de l'énergie... Ces raisonnements cachaient sous un flot de raisons « dialectiques » la vraie nature du Goulag, qui allait chercher ses pensionnaires jusqu'au sommet de la hiérarchie du savoir. C'est Soljenitsyne qui décrit la vie des scientifiques esclaves travaillant dans des laboratoires secrets dont ils ne sortaient jamais, intoxiqués de propagande qui les persuadait qu'ils « édifiaient le socialisme ». Les zeks coûtaient moins cher que les sujets libres, n'avaient aucun besoin de logements individuels, de vêtements de ville, de nourriture variée, de soins médicaux coûteux. Ils étaient immédiatement remplaçables. S'ils se montraient récalcitrants, on pouvait coffrer leurs familles et avoir ainsi encore plus de main-d'œuvre gratuite. Bref, le servage tsariste avait ressuscité pour le plus grand bien de l'idéologie communiste. Il n'y a personne pour leur rendre hommage. Ou du moins pas encore. Leur disparition dans les années 1980 a provoqué une halte de la plupart des mégaprojets de l'époque Brejnev et un ralentissement sensible d'une économie dont ils étaient la cheville ouvrière. Voilà qui contredisait légèrement la thèse matérialiste de la fin de Rome.

Personne ne contrôlait plus rien et tout tombait en décrépitude. L'incompétence et le laisser-aller étaient devenus visibles même pour les plus fermés des diplomates en poste à Moscou. Le Comité central, renouvelé à l'identique depuis des décennies, était une maison du troisième puis du quatrième âge dont le seul souci était de jouir paisiblement de la vie après tant d'années de bruit et de fureur. Les Secrétaires généraux gâteux se succédaient comme parfois au Vatican, jusqu'à ce que la gérontocratie se décide à donner la parole aux générations suivantes. Ce fut le miracle de 1985 avec l'élection d'un jeune Secrétaire général qui avait bien voulu prendre en main la tâche sans espoir de relever cette économie transcontinentale. Il avait eu quelques petits succès dans l'agriculture (dicastère dont personne ne voulait) dont il avait été chargé pendant plusieurs années et on pensait qu'il saurait insuffler de nouvelles idées dans le reste du pays. C'était, hélas, trop tard. La culture d'irresponsabilité était trop profondément installée pour pouvoir faire machine arrière. L'échec était inscrit dans le cahier des charges. Le spectre d'un naufrage à la tsariste hantait les nuits du jeune homme au timon de ce *Titanic* des temps modernes.

Tout ceci était bien entendu caché aux prolétaires qui devaient trimer (?) sans demander autre chose que leur ration quotidienne de propagande. Comme les domestiques de bons maîtres, ils étaient (mal) nourris, (très mal) logés et blanchis (dans les hangars prévus à cet effet où, quand la production le permettait, ils pouvaient trouver une robe, un pantalon et une paire de chaussures, moyennant des heures de queue). L'éducation et les soins de santé étaient gratuits. Le service militaire très long permettait aux jeunes gens de visiter gratuitement les recoins de leur patrie intercontinentale, avant de revenir dans le système. Sous un voile de puritanisme idéologique, les mœurs étaient très relâchées, au point que l'IVG gratuite tenait lieu de contraception.

Les divorces atteignaient 100 % des mariages dans les grandes villes. La critique étant fortement punie, il valait mieux ne pas réfléchir et se livrer sans remords au système dominé par les « alpha + » que l'on nommait la nomenklatura. La vie de cette aristocratie n'avait rien de commun avec celle de la caste inférieure. Elles vivaient sans se rencontrer, sauf dans les usines et les bureaux où les supérieurs surveillaient des exécutants passifs qui passaient la journée l'œil rivé sur des montres soviétiques invendables à l'étranger. La nomenklatura devenue héréditaire, les enfants avaient leurs places réservées dans les meilleures écoles et universités. Tôt entrés au Parti, ils dirigeaient les *komsomols* et, le moment venu, les sentiers de la gloire leur seraient grands ouverts dans l'ombre des parents attentifs.

L'objectif du *nomenklaturiste* était simple : rester *nomenklaturiste,* avec promotion de préférence. La compétition entre les plus ambitieux était aussi féroce que dans n'importe quel pays du monde, mais ils étaient davantage jugés sur leur parentèle que sur leurs résultats. Inutile d'être un grand sociologue pour deviner que l'issue de ce compromis de classe était une passivité généralisée, qui ne pouvait être combattue que par la guerre ou la terreur. Les périodes de paix ou de tolérance étaient des périodes de stagnation. C'est d'ailleurs ce que reconnaissait Mikhaïl Gorbatchev, qui avait l'habitude d'appeler le règne de Brejnev (dix-huit ans), « l'ère de la stagnation ».

La noblesse rouge soviétique n'a pas pu éduquer sa descendance, qui a préféré piller le pays plutôt que de perdre son temps à le gérer. Il n'a peut-être pas tort. Il est probable que le naufrage de l'URSS a clôturé l'épisode européen de l'histoire universelle. La Chine se trompe de sens lorsqu'elle construit la « route de la soie » vers l'ouest. Le centre du monde n'est plus en Europe, mais quelque part du côté d'Hawai.

Voilà sans doute pourquoi Vladimir Poutine garde la nostalgie de l'Empire grâce auquel il est devenu ce qu'il est aujourd'hui.

Il est probable que l'URSS ait clôturé l'épisode européen de l'histoire universelle. L'homme européen a achevé son cycle en face d'un public dit « arriéré » qui a maintenant compris comment il pouvait en tirer parti, sans être obligé d'aller sur la Lune pour affirmer une supériorité construite sur les faiblesses de ses modèles.

Final

Koursk – Moscou, vingt ans après

Le Monde, 24 avril 2010

La lune s'attristait. Par-dessus l'horizon qui défilait dans la pénombre, le disque jaune se voilait de brume grise. Trois heures du matin. Les violentes lueurs des usines se succédaient, dessinant des silhouettes fantastiques, alternant avec les timides chandelles des villages. Seul éveillé au milieu d'un wagon assoupi, je devine la grande plaine russe recouverte de neige fraîche. À petite vitesse, je m'en retourne à Moscou après un raid comme je les aime, au cœur d'un des centres nerveux de l'industrie russe, l' « anomalie magnétique de Koursk ».

Vingt ans déjà ! Vingt ans depuis ma première incursion involontaire en Union soviétique, attiré, sans y croire vraiment, par la perestroïka, Marche de Radetzky *d'un empire aux abois. Un siècle après, il y avait enfin du nouveau à l'Est. Pendant quelques années, j'eus l'impression d'être au centre de l'Histoire, à la racine d'un monde nouveau. J'ai vécu la fin de l'URSS comme un rêve. Pas de barrières entre le pouvoir et moi. Des hommes puissants mais attentifs. Une volonté de changer le cours de l'Histoire sans payer le prix d'une révolution. Le retour de la dignité humaine après des décennies de tyrannie. Un étonnant mélange de fierté et d'humilité, de réalisme et d'espérance, de foi et de matérialisme. Le grand retour de l'Histoire et du christianisme russes. Tout cela donnait aux géants de l'époque des perspectives assez puissantes pour vouloir y greffer de vigoureux rameaux d'avenir. Nous étions au travail, petite équipe inspirée, pour construire le cadre de la grande réforme à venir.*

On connaît la suite. À peine les premiers accords signés avec l'Union européenne – mon chef-d'œuvre – le coup d'État, le lamentable spectacle de conspirateurs d'opérette prenant le contrôle des organes d'État encore sous les ordres du Bureau politique, la trahison du connétable et la disparition de l'URSS dans les vapeurs d'alcool d'une datcha de Belarus. La société qui naquit de ce triste épisode n'avait rien à voir avec celle que nous préparions dans les coulisses du Kremlin. Accouché au forceps, ce fut un nabot informe qui vit le jour. Un théâtre d'ombres transforma la Russie en un gigantesque camp de la Horde d'or : le dépeçage de l'économie soviétique fut un des plus grands hold-up de l'Histoire. Les apparatchiks avaient cédé le pouvoir aux « héros » des komsomols au milieu desquels la future caste des oligarques aiguisait ses dents de bébé requin. Que pouvais-je y faire ? Tous mes amis avaient disparu de l'horizon politique. Mais, dans ce désordre, tout était possible. Règles et morale avaient disparu. Dans ce nouveau directoire, il suffisait d'être rapide et culotté pour arriver à tirer son épingle du jeu. C'est ce que je fis.

Le partage terminé, on siffla la fin de la récréation. Le krach de 1998, dont l'histoire reste à faire, conclut la tragi-comédie des années Eltsine en dispensant les gagnants de la course au trésor de la pénible nécessité d'avoir à rendre des comptes. La crise de 2008 n'est qu'un pâle reflet du tsunami qui secoua la Russie de 1998. Tout s'effondra et une nouvelle économie vit le jour, avec à sa tête la diarchie État-oligarques. Plus le temps de se replonger dans la Russie profonde : tout se passait entre Londres, Lugano et Monaco, où se trouvaient les centres de décision de la nouvelle banque-industrie russe.

Le superbe retrait d'Eltsine, sans doute le geste qui le rachètera pour l'Histoire, laissait augurer d'une ère nouvelle. J'y participais avec espoir et détermination. Il fallait, d'un côté, trouver le chemin des besoins de la classe moyenne qui émergeait et, de l'autre, convaincre les nouveaux maîtres d'investir dans le pays pour ne pas tuer la poule aux œufs d'or. Tout occupé à mes affaires, je n'ai pas vu arriver 2008. Fin 2009, aux premiers signes de reprise, je décidai de revenir aux fondamentaux en reprenant le chemin de la Russie profonde et de l'industrie réelle. Pour cela, il fallait reprendre le train…

Il fait – 20 °C et la voiture a le volant à droite. Le chauffeur slalome entre les plaques de glace. La ville déroule son urbanisme, inchangé depuis les Soviets, avec des statues de Lénine à tous les carrefours. La plupart des bâtiments sont neufs ou rénovés. Les nombreuses boutiques sont encore fermées. On arrive dans la zone industrielle. D'énormes usines crachent leurs fumées. L'une d'entre elles est le but de ma visite. Les mesures de sécurité sont aussi strictes. Les gardiennes ont conservé leur majestueux embonpoint et leurs mines inexpressives sous des frisettes d'apprenties coiffeuses. Les murs du hall d'entrée déroulent toujours la collection de photos des « héros du travail », rebaptisés

« dirigeants émérites ». Il y en a une trentaine. La plupart ont gardé le physique et le style de leurs parents.

Les escaliers russes sont inimitables. Les yeux fermés, il me suffirait de monter vingt marches pour deviner que je suis en Russie. Les fabricants et les architectes ne sont jamais parvenus à s'entendre sur la hauteur des marches et je m'y casse régulièrement la figure. Les bureaux sont tous rénovés et informatisés. Les secrétaires, toujours aussi inoccupées, sont beaucoup plus agréables à regarder. Les réunions se tiennent dans le vieux style, même si les participants sont jeunes, habitués aux voyages et aux étrangers. Ils reproduisent inconsciemment les rites de la vieille époque. Sympathie mêlée de rouerie naïve. Difficile d'y échapper ! La fascination pour la technologie occidentale est toujours là. Il semble évident que les équipements clés n'ont pas d'équivalent en Russie. Donc pas de complexe d'acheter ailleurs. Mais la crainte de se tromper oriente tout le monde vers des choix balisés : on veut un clone de ce qui a été monté il y a trente ans, à la construction de l'usine. Tant pis pour les économies d'énergie et les avancées technologiques.

J'attends avec curiosité la visite d'usine. C'est là que je verrai si le nouveau propriétaire préserve bien sa poule aux œufs d'or. Aucune usine soviétique n'a été vraiment reconstruite. Elles datent toutes de l'époque brejnévienne durant laquelle, finalement, on a beaucoup fait, et sont entretenues à petit frais. Manque de capital, exporté vers des cieux plus cléments, manque de banques de taille compatible avec celles du pays. L'industrie russe, malgré son gigantisme et ses halls cathédraux, est encore pauvre en équipements modernes. Les rénovations se font par petits bouts et il n'y a pas beaucoup de grands patrons qui aient le courage de celui qui, il y a cinq ans, m'a demandé de lui construire une fonderie ultramoderne pour exploiter un nouveau marché.

Le retour à la gare se fait de jour. Nous passons devant d'immenses usines sidérurgiques, des halls gigantesques, des cheminées qui tutoient les nuages. Aux montagnes de déblais qui parsèment l'horizon, je devine la mine de fer à ciel ouvert. La puissance de l'industrie russe est palpable. Contrairement à l'Ukraine voisine qui a cédé son acier à des groupes étrangers comme Mittal, tout ce que l'on voit est entre des mains russes. À Moscou, le siège du groupe occupe un building ultramoderne. Le boss coule des jours tranquilles au bord du Léman. On s'y montre sous un jour high-tech. Les jeunes messieurs sont partout et triomphants. Tout doit aller très vite, les marchés financiers attendent l'introduction en Bourse et il faut faire bonne impression : mes interlocuteurs sont des hommes pressés. Quand on en vient aux modalités de paiement, ils sont moins fiers. Ils n'ont, évidemment, aucune expérience industrielle.

À Moscou, le trafic est infernal. Impossible de prévoir une heure de rendez-vous. Les marges de sécurité mangent la journée. Les hommes de la perestroïka se sont refugiés dans un immeuble du centre-ville bien restauré, spacieux et confortable, où ils vieillissent tranquillement entourés des souvenirs de l'Union soviétique qu'ils n'ont, en fait, jamais quittée. Sans porter de jugement sur la crise qu'ils disent être provoquée par les États-Unis, ils déplorent que la Russie s'y soit laissée prendre. Ils estiment que le gouvernement a trop laissé faire et que le retour aux vieilles règles d'autarcie est indispensable pour gérer des économies-mondes comme la Russie ou la Chine. Ils reprochent au pouvoir de n'avoir pas suffisamment modernisé l'industrie et d'avoir laissé les capitaux s'exporter trop librement. Leur appréciation du système oligarchique est plus nuancée : ils reconnaissent qu'il a été porté sur les fonds baptismaux par le dernier Comité central, lorsque, dans la panique générale de l'implosion de l'Empire, il avait décidé de passer les commandes à la génération des petits-fils qui faisaient leurs armes dans les komsomols. *En mettant le pays entre leurs mains, ils pensent avoir sauvé la Russie de la guerre civile. Mais ces garçons étaient trop jeunes et trop brillants pour se contenter de garder des actifs sous cocon. Alors ils ont « privatisé les profits et socialisé les pertes », selon la belle expression de Boris Berezovski. Résultat : la Russie prend chaque jour un peu plus de retard.*

Les Russes lucides s'inquiètent de la nouvelle génération : les enfants des oligarques, élevés sans principes dans la richesse la plus obscène, vendront-ils, le jour venu, leurs actifs aux multinationales ou reviendront-ils faire de l'industrie dans un pays qui leur est à peu près inconnu et où l'outil sera, alors, complètement arriéré ? Rendez-vous dans vingt ans.

Quarante ans après…

Troisième partie

MAINTENANT

24

La Russie éternelle ?

Avec tout ça, où va-t-on ?

La Russie a réussi à se débarrasser de la rhétorique idéologique communiste sans bain de sang. Qui l'aurait parié en 1980 ? Personne, évidemment. L'URSS a commencé de déblayer le terrain, contrainte et forcée, quand il est devenu clair pour tous les « sachants » que l'on s'acheminait vers un gouffre économique et social qui ferait de la plus vaste nation de la terre l'homme malade de la planète, avec les conséquences incalculables que cela pourrait avoir.

C'est à cette époque que, trimant sur un livre de géostratégie, j'eus l'étrange vision que j'ai déjà évoquée. Je survolais cet empire un peu comme *Le Maître et Marguerite* de Mikhaïl Boulgakov. En me réveillant de ce cauchemar, j'en cherchais le sens caché. Le communisme avait détruit les bases de la culture de cette société et ne les avait remplacées que par des mensonges et des contraintes, et ces foules en prenaient conscience. Je n'avais jamais mis les pieds en URSS, mais on a compris, tout au long de ce livre, l'étrange justesse de cette intuition d'une nuit.

J'ai aussi gardé un souvenir saisissant de ce haut personnage américain, qui, un jour de 1980, alors que je lançais mon livre *Keys for the Future* aux États-Unis, m'avait interrogé sur la source de mes informations sur la crise que traversait l'URSS. J'avais en effet consacré un long chapitre à ce pays dans ma revue des forces de la géopolitique du XXIe siècle. Et mes conclusions n'étaient pas optimistes ! Je prédisais à l'URSS un déclin rapide et son effacement progressif de l'arène mondiale. Son jugement rejoignait le mien, mais il allait plus loin : « L'URSS, c'est le Congo plus la bombe atomique ! » Ce n'est que quelques années plus tard que j'eus l'occasion de vérifier la justesse de ce « mot », au cours d'aventures dignes d'Hergé que je raconterai peut-être un jour.

Après avoir occupé le lecteur à m'accompagner dans ma découverte de cette *terra incognita*, qui m'a donné quelques clés de lecture de l'histoire, de la société et de la psychologie russes, il faut, avant que nous nous quittions, que je prenne le risque d'extrapoler, comme me le conseillait vivement mon vieux professeur de physique de l'X. « Extrapolez, mon vieux, extrapolez ! »

Nous voilà donc en 2020. La Révolution bolchevique appartient à la face triste de l'histoire. Elle a duré soixante-douze ans. Dans la perspective des siècles, c'est peu : la Russie était habituée à de longues séries de tsars qui ne se distinguaient les uns des autres que par la couleur de leurs uniformes préférés et la variété des tortures qu'ils imposaient à leurs opposants et à leurs propres familles.

Les communistes, avec leur foi saint-simonienne, ont forcé le pays à entrer dans la première révolution industrielle. Dans la douleur, et sous le knout d'un autocrate qui n'avait rien à envier aux pires des tsars. Mais c'est grâce à ce système que l'agression allemande a pu être refoulée. Sans une parfaite maîtrise de la population, Staline n'aurait jamais pu demander aux Russes les sacrifices qu'ils ont consentis pour repousser l'ennemi. Un de ces anciens du front, rescapé par miracle, me racontait comment les régiments étaient envoyés pour prendre les mitrailleuses, avec un fusil pour dix soldats. La seule consigne était de récupérer le fusil dès que son porteur était atteint et de continuer d'avancer. D'ailleurs, au cas où il leur viendrait l'idée saugrenue de lâcher prise, les mitrailleuses du KGB les attendaient à l'arrière. On retrouve, dans les mémoires de rescapés allemands, le sentiment de terreur qui les agitait en voyant ces hordes humaines que rien n'arrêtait et qui se ruaient sur les mitrailleurs dont les engins, portés au rouge, s'enrayaient un à un. Sans ce régime sauvage qu'ils subissaient depuis 1917 et qui leur avait inculqué la culture de la soumission, ils n'auraient pu supporter les massacres de Stalingrad, de Minsk et de Koursk qui ont mis en déroute la plus grande machine de guerre de l'histoire. La déroute de 1916 et la capitulation des bolcheviques avaient montré les limites du « Mourir pour le tsar ». Staline avait accompli un miracle que les Russes avaient payé de leur sang. L'épreuve surmontée, la discipline permit de commencer la reconstruction de la

Russie d'Europe, grâce aux millions de prisonniers de l'Axe et au Goulag. Mais le peuple demandait grâce et les successeurs de Staline le comprirent. On passa doucement, très doucement, de l'Empire autoritaire à l'Empire « libéral » (au sens du XIXe siècle). La logique économique étant plus forte que la logique idéologique, il fallut lâcher de plus en plus de lest pour rester à flot. Le résultat a été largement décrit dans les pages précédentes.

Aujourd'hui, la Russie reste la nation la plus vaste et la plus riche en ressources naturelles de la planète. Elle les considère comme inépuisables, contrairement à son voisin la Norvège, négligeant d'en faire la source de son développement futur. Il est fascinant de comparer l'évolution de la Russie avec un pays longtemps sujet : le grand-duché de Finlande. Les deux étaient au même niveau de développement lorsqu'ils se séparèrent le 6 décembre 1917. En moins de cinquante ans, la Finlande a rejoint les pays les plus avancés d'Europe. Débarrassée de la tutelle tsariste, elle a construit une économie prospère, bien que profondément sociale. Pendant le même temps, l'Empire russe communiste s'enfonçait dans l'économie surréaliste que nous avons décrite.

La Russie a mauvaise presse. On la soupçonne d'horribles faits sans pouvoir prouver autre chose que la compétition avec ses « proches », Ukraine et Géorgie, et les occupations de territoires qui en ont résulté. Ces querelles frontalières proviennent de la hâte avec laquelle l'Union soviétique a été rayée de la carte du monde. La Russie s'accomode de son nouveau statut de puissance régionale.

Mais quelle région !

Comme on ne prête qu'aux riches, on veut démontrer qu'elle est « faiseuse de rois » : Trump, Erdogan, Assad, Kim, Chávez et quelques autres seraient ses créatures. Les partis « populistes » seraient les héritiers des partis populistes *new look*. Tout ceci étant invérifiable, il est préférable de s'en tenir au principe de réalité.

Comme l'Amérique, la Russie est un avatar de l'Europe. Le sort a voulu que l'Europe soit découverte, puis peuplée par l'Afrique. Ni la Chine ni l'Amérique n'ont découvert l'Europe. Aucune jonque chinoise n'a passé Gibraltar ou abordé la Californie. Les historiens débattront longtemps encore des raisons pour lesquelles les choses se sont passées ainsi. La Russie a été l'avant-garde de l'Europe au détroit de Béring. Elle n'y a trouvé aucune résistance de la part des grands empires asiatiques qui n'ont jamais émis la moindre objection à cette avancée. En s'y installant, elle a transféré une culture et une civilisation qu'elle avait développées sur la Baltique avec des tsars plus souvent allemands et nordiques que slaves.

La nouvelle donne du XXIe siècle est l'émergence de l'Asie continentale, singulièrement la Chine, en contact direct avec la Russie. Mais la Chine n'a pu démarrer que parce qu'elle avait jeté aux orties sa culture millénaire pour adopter la civilisation occidentale. Elle s'y tiendra. Il n'y aura donc pas de guerre de civilisation à l'est de la grande Europe. Seulement des guerres économiques avec peut-être des prolongements hégémoniques à la manière européenne. Mais la Chine sait très bien que, dans ce cas, elle sera prise entre deux feux : le Japon, encore longtemps sous étroite hégémonie américaine, et adversaire séculaire de l'empire du Milieu, ne restera pas les bras croisés.

La vraie question est de savoir si la Russie sera tentée de resserrer ses liens avec l'Asie au détriment de l'Europe. Sur le plan civilisationnel, l'affaire est réglée et l'exemple chinois ne peut que la conforter dans ce choix. Voilà longtemps que l'Ouest a gagné !

Sur le plan économique, la Russie aurait tort de ne pas travailler sur les deux fronts. À l'est, une multitude innombrable qui s'habitue au style de vie consumériste et dont les besoins en énergie et matières premières sont sans limites. Le plus grand débouché pour les ressources de la Sibérie. À l'ouest, une poussière d'états inoffensifs qui ont aussi besoin de ressources primaires, mais qui, contrairement à la Chine, sont prêts à acheter des produits russes pourvu qu'ils soient de bonne qualité. Au sud, les anciennes républiques soviétiques d'Asie et du Caucase qui n'ont d'yeux que pour la Russie et où elle est à l'aise.

La stratégie de la Russie est simple, ce qui ne veut pas dire qu'elle sera facile à exécuter : technologie et industrialisation.

C'est vrai que les tentatives actuelles ne sont pas très concluantes. L'État a investi des sommes considérables dans des « Silicon Valley » réparties sur tout le territoire. Mais l'argent public est fait pour être dépensé, pas pour rapporter. Les industries ne suivent pas, préférant acheter des technologies éprouvées en Allemagne, au Japon ou aux États-Unis. L'expérience réussie de la région de Kaliningrad dans le domaine de l'automobile, de l'électronique, de l'alimentation et de la climatisation montre la voie à suivre : la coopération avec les firmes des pays leaders dans des secteurs où la principale demande est à l'exportation. La géographie joue évidemment en faveur de ce territoire coincé entre deux pays de l'Union européenne : Pologne et Lituanie. Il en joue habilement. Un de mes collègues du Plan des 500 jours, à l'époque le plus jeune ministre de l'Union soviétique, y a développé une industrie automobile prospère en partant du montage des CKD (*Complete Knock Down* ou « ensembles de pièces détachées ») et en progressant dans l'intégration des équipements. Il n'est plus le seul. Les niveaux de vie et d'emploi de la population locale (moins de 1 million) sont sans comparaison avec le reste de la Russie provinciale. La fiscalité est attractive, mais c'est aussi le cas de la « Russie de l'intérieur » où quelques villes commencent à émerger comme Oufa, Kazan, Nijni Novgorod, Vladivostok. Aujourd'hui ce ne sont pas les fonds qui manquent, mais les projets. Les personnes douées des compétences nécessaires commencent à émerger, mais elles ont tendance à exercer leurs talents à l'étranger, aux États-Unis et en Europe, où elles sont accueillies à bras ouverts. C'est particulièrement vrai en France où les jeunes Russes ayant acquis des diplômes de haut niveau dans les grandes écoles se voient proposer la naturalisation express.

Tous ces bouleversements ont apporté aux Russes, cahin-caha, une liberté inconnue s'accompagnant d'un bien-être lui aussi inconnu. Il est facile en Europe de brocarder le système russe en le traitant, d'un ton suffisant, d'« illibéral ». Après une Révolution sanguinaire, il a fallu aux Français quatre-vingts ans pour donner aux citoyens (seulement) une démocratie parlementaire. Le peuple français, en l'an XII de la Révolution, n'approuvait-il pas un sénatus-consulte qui disait « Le gouvernement de la République est confié à un Empereur héréditaire qui prend le titre d'Empereur des Français » ? Même chose en 1852. Trente ans après le naufrage de l'Union soviétique, on a largement dépassé ce stade infantile.

Le grand paradoxe de la Russie est que l'écart entre les « élites mondialisées » et la population est à contrepied des vieilles démocraties. Les premiers se méfient du gouvernement pendant que la seconde se montre assez satisfaite. Chez nous , c'est plutôt l'inverse. Le résultat, nous l'avons sous les yeux. Les « grandes fortunes » sont à l'extérieur et ne reviennent que si elles ont l'assurance de pouvoir repartir illico. L'investissement industriel du secteur privé est donc presque inexistant. Comme les investissements étrangers sont freinés par toutes les gesticulations politiques du Kremlin et de la Maison blanche, on reste dans un contexte de stagnation où l'économie est soumise aux fluctuations du cours des grandes matières premières qui restent le moteur de l'économie nationale, comme à l'époque Brejnev (mais sans le handicap des budgets spatiaux et de la Défense). Je ne connais aucun « oligarque » qui ait sa fortune en Russie. S'il en existe quelques-uns, ils ne sont pas dans les secteurs exportateurs.

Voilà le nœud gordien. Il est aggravé par le faible niveau de formation et de motivation de la main-d'œuvre d'exécution, protégée par un système social qui n'a guère évolué depuis la fin du communisme et pénalisée par des rémunérations outrageusement faibles par rapport aux autres pays d'Europe de l'Est. Le progrès du pouvoir d'achat est découragé par l'afflux de la main-d'œuvre russophone des pays de l'ex-URSS, singulièrement d'Asie centrale, qui se trouve très heureuse par rapport à sa situation au pays.

La Russie souffrira encore longtemps du dépeçage de l'ère Eltsine, orchestré par l'envoyé spécial des États-Unis de Clinton, l'ineffable Jeffrey Sachs, qui a bâti une fortune pyramidale avant de repartir, le mal fait. Les vieux communistes russes avaient une expression pour ce genre de comportement : *parasite* (en français dans le texte). Le seul qui ait rendu gorge (et encore très partiellement) est Khodorkovski. Les autres ont depuis longtemps délaissé l'industrie pour Capoue et ses délices, pour la Suisse ou ailleurs. On manque cruellement de capitaines d'industrie comme il en existait en Russie au début du XXe siècle. Et l'État n'a plus les moyens de développer l'industrie.

Il devient clair pour tout le monde que les règles du jeu économique doivent changer. Il faut tirer un trait sur l'ère des *robber barons* comme les États-Unis ont su le faire il y a un siècle avec une justice inflexible, et favoriser les vrais entrepreneurs, et il en existe, pour les aider à grossir dans la confiance. Il faut se rappeler que Saint-Simon, qui était une des idoles de Marx et Engels, considérait que le bon fonctionnement de l'économie reposait sur la confiance au moins autant que sur la loi de l'offre et la demande.

Cette restauration historique n'est pas autre chose que le retour aux vraies valeurs des sociétés occidentales, établies sur le socle des valeurs chrétiennes remises à l'honneur par l'Église orthodoxe, malgré les insuffisances que tout le monde se plaît à lui reconnaître. La synthèse de ces valeurs a un nom : la justice. C'est par là que doit commencer la renaissance de la Russie. Tous les Russes, comme tous les Européens, sont sensibles à l'injustice. Le premier devoir de leurs dirigeants est de les convaincre que c'est là leur première priorité. L'idéologie communiste, toute dénaturée qu'elle ait été par sa mise en application, mettait l'accent sur la justice. Même si la mise en œuvre fut désastreuse, le souvenir ne s'est pas éteint et remonte aujourd'hui à la surface du corps social. L'inflexibilité apparente de Vladimir Poutine est un atout considérable pour le progrès de ces « ondelettes » qui pourraient aisément se transformer en vague de fond si le progrès économique se prolongeait encore une vingtaine d'années. Après la justice, le travail. Sous l'ancien régime comme sous le système communiste, le travail était vécu comme une contrainte, à la limite comme une sanction. Les liturgies communistes prêchaient sans relâche dans le désert. Mon expérience du travail russe n'a guère varié depuis trente ans que je pilote des projets qui, pour être justifiés, exigent une éthique du travail « protestante ». Je n'ai jamais réussi à convaincre un seul Russe « de souche » de la pertinence de ce concept. Les seuls à le comprendre sont les cadres et dirigeants qui travaillent dans des entreprises étrangères, américaines et allemandes ou japonaises, à l'éthique rigoureuse. Or, il n'y en a pas beaucoup, le processus de privatisation ayant été un entre-soi russe purement financier. Il importe d'attirer cette élite de managers dans les sociétés russes, maintenant que le pays est devenu vivable et où tout est disponible, contrairement à l'époque Eltsine qui pâtissait du passé communiste et de la fuite des « *privatisateurs* ».

Bien qu'il n'en ait pas beaucoup l'habitude, l'État doit mettre à la fois un système permettant le rapatriement des capitaux domiciliés à l'étranger et devenir « *chasseur de têtes* ». Je connais pas mal de diplômés russes de grandes écoles et universités prestigieuses. Toutes les tentatives pour les convaincre de rentrer ont été, à ce jour, sans résultat : ils se font naturaliser dans le pays qui leur a ouvert ses portes et ne songent pas un instant à rentrer en Russie. Mais il faut dire que la mère patrie ne leur fait pas beaucoup d'appels du pied... Pas plus que les grandes firmes russes où les dirigeants ne se soucient de prendre chez eux des filles et des garçons qui risqueraient d'être plus assoiffés de dollars qu'ils le sont eux-mêmes. Cette fuite de cerveaux, si elle se poursuivait, risquerait d'être fatale à l'économie russe. Je note cependant une sorte de remords chez tous ces jeunes brillantissimes. Ils gardent la terre russe collée à leurs semelles. Il suffirait de pas grand-chose pour les faire changer d'avis : peut-être aussi peu de choses que de l'attention et de la considération de la part de leurs pairs restés au pays. Ils ont, au contraire, l'impression que leur départ à l'étranger est considéré par leurs camarades comme une sorte de trahison. Certains me disent même que l'administration russe hésite de plus en plus à les laisser partir, sachant qu'elle ne les reverra plus... C'est une situation que je connais bien, ayant dû y faire face pendant mon propre cursus, voici quelques décennies. À l'époque, il s'agissait de l'administration française...

En bref, la renaissance de l'économie russe, préalable indispensable à la normalisation du statut de la Russie dans son milieu naturel, l'Europe, n'est pas hors de portée et ne demande que de donner priorité au principe de réalité contre toute autre tentation idéologique ou passionnelle.

Nous avons traversé, au long de ces pages, les forces et les faiblesses de cette immense terre, empire enclavé dans un autre empire maintenant déchu : l'Union soviétique. L'attachement à la culture européenne, à la civilisation byzantine, la capacité exceptionnelle des individualités qui le composent, dans tous les domaines (scientifique, artistique, civilisationnel), le degré de développement d'une économie libérale encore inachevée, tout ceci constitue un terreau favorable à une renaissance. Malheureusement, la prise de conscience de ces atouts par les dirigeants politiques fait encore défaut. La confiance de ce peuple, mise à mal par des décennies de gouvernements autocratiques aussi féroces que débiles, n'est pas encore restaurée. Lorsque les citoyens russes auront le sentiment d'être considérés à leur juste valeur, ils rendront au centuple et rien ne les arrêtera. Même revendication, mais pour d'autres raisons qu'à l'Ouest où elle est baptisée du nom péjoratif de « populisme ». Pour le moment, ils sont reconnaissants aux politiques de leur avoir épargné une transition sanguinaire, le naufrage de l'Union soviétique s'étant déroulé de la manière la plus civilisée possible. Ils leur accordent leur confiance pour passer du stade « *illibéral* » au stade « *libéral* ». Cependant, l'objectif pour le peuple russe, dans toute sa diversité, n'est pas d'instaurer un système copié sur celui de l'Europe de l'Ouest : il dénonce les dérives individualistes du postmodernisme et le laisser-aller général qu'ils observent. Ils pensent que l'Europe occidentale est sur une voie déclinante par excès de bien-être et qu'il leur revient d'inventer leur propre chemin. Ils observent que le slogan soixante-huitard « Il est interdit d'interdire » a fait des ravages et ils n'en veulent sous aucun prétexte. Venant d'une phase historique où tout était interdit, et en face d'un monde où tout est permis, ils veulent trouver une harmonie qui satisfasse les besoins sociaux et les ambitions individuelles. Ni blasés ni sceptiques, contrairement aux sociétés occidentales qui sont revenues de tout et n'espèrent que « quelques dollars de plus », ils sont nombreux à citer l'apôtre Paul lorsqu'il dit : « Tout est permis, mais tout n'édifie pas. »

Il n'est même pas interdit de penser que nos sociétés, qui donnent la priorité absolue au « moi » sur le « nous », puissent en prendre leçon. Mais pour cela il faudrait un autre regard sur la Russie.

C'est mon espoir que le présent ouvrage y participe.

Postface

Et nous, dans tout ça ?

« Je veux traverser Paris à pied ! » Nous sommes en 1995. Mon adjoint russe vient de mettre le pied pour la première fois en France. Pour la première fois, il pratique un français appris à l'école. Il veut tout voir. Ce voyage aura été un des meilleurs investissements que j'ai faits en Russie à cette époque où mes affaires décollaient. Youri rentrera à Moscou avec la ferme volonté de faire partager son expérience à ses clients. S'ensuivit un chapelet de visites industrielles pendant lesquelles les week-ends étaient consacrés au tourisme « culturel » (selon l'expression habituelle en Russie) sous la houlette de Youri. Le succès fut immédiat et les contrats commencèrent à pleuvoir. Je me souviens d'un ingénieur de Novgorod qui chantait du matin au soir en traversant, lui aussi, Paris à pied. Il faut dire qu'à l'époque, la marche était le sport national dans une Russie où l'automobile était réservée à la classe dominante des apparatchiks. Ils étaient tous infatigables et Youri y trouvait son affaire, et moi derrière lui. Tous me confiaient, en quittant Paris, que leur visite avait matérialisé un rêve d'enfant tant ils en avaient entendu parler autour de la table familiale.

Il y a eu, pendant ces années 1990, comme un moment de grâce où les Français pouvaient tout obtenir, comme dans les années 1890, à l'époque de l'alliance franco-russse. J'ai longtemps regretté le scepticisme de nos entreprises dont les visites étaient sans suite. Elles venaient voir et rentraient apeurées alors que nos concurrents japonais et allemands commençaient de tisser les réseaux de leurs futurs succès. La liste des grands groupes français barrant la Russie de leurs agendas est atterrante, comme celle des occasions manquées. Il fallut se résoudre à lier des alliances avec des firmes étrangères, ce qui me réussit assez bien. Seule une poignée de patrons visionnaires sont restés et ils s'en trouvent bien.

Les Russes sont des individus affectifs avant d'être raisonnables. Le lecteur a pu s'en rendre compte au fil des nombreux récits de cet ouvrage. C'est un trait national déjà signalé par Astolphe de Custine dans son célèbre opus, *La Russie en 1839*. Nous les avons longtemps considérés avec une certaine révérence et ce comportement les a marqués : ils n'avaient pas autant de chance avec les autres nationalités. Il en est resté cette proximité avec tout ce qui est français, mesurée à l'aune de leur goût un peu critique pour tout ce qui est russe.

Français, en Russie, encore aujourd'hui, est synonyme de bon goût. Un de mes amis, grand couturier, qui avait pris l'habitude de tailler les costumes de la compagnie du Ballet du Kremlin, me racontait des anecdotes incroyables sur des costumes faits en Russie qui, comme par magie, devenaient admirables dès qu'ils passaient entre les mains des Français, ou des parfums russes très ordinaires qui devenaient divins dès qu'ils recevaient un nom français.

La France est, de loin, le pays étranger le plus apprécié des Russes. Ils savent tous que leurs élites de l'ancien régime apprenaient le français avant le russe. L'anecdote de la Bible d'Alexandre Ier est révélatrice. Ils connaissent l'histoire des Huguenots expulsés par Louis XIV en 1685 et réfugiés à Saint-Pétersbourg. Ils savent l'influence que la découverte de la civilisation française a eue sur Pierre le Grand. Ils connaissent par cœur les aventures de Diderot à la cour de la Grande Catherine et les courriers de Voltaire qui se déclarait « Catherin ». La France a joué pour la Russie le rôle que l'Italie a joué pour la France deux siècles auparavant : source de Renaissance. Bien que l'Empire n'ait jamais eu de souverain d'origine française pour cause de religion, son influence a toujours été plus grande que celle de l'Allemagne, qui a vu naître la Grande Catherine et son falot d'époux, tsar de passage, qui, eux, n'avaient pas rechigné à se convertir à l'orthodoxie.

Les Russes se souviennent encore d'une époque où l'Empire soutenait la République dans ses revendications sur l'Alsace-Lorraine. Et, plus loin encore, de la nomination du duc de Richelieu en tant que gouverneur d'Odessa où sa statue domine toujours le fameux escalier du Potemkine. Si, en France, le politiquement correct fait commencer l'histoire de France en 1789, les Russes se sont rapidement réapproprié leur passé impérial, avec, comme emblème, l'aigle de Byzance.

La France a su saisir au bond une grande chance : l'alliance franco-russe de 1894, conçue pour encercler la Triplice, union des deux empires centraux, Allemagne et Autriche, et du royaume d'Italie. La suite est dans toutes les mémoires : au début du siècle, on estime qu'un tiers de l'épargne française est investie en Russie où les entreprises françaises construisent le Transsibérien, les grands ponts de Saint-Pétersbourg, fondent des industries nouvelles : porcelaine, soie. 1917 interrompt tous ces développements qui mettaient la France au centre de l'industrialisation de l'Empire, devant les Allemands.

On ne voit pas la France reprendre le grand récit de la guerre 1942-1945 où la France libre et Moscou étaient unis contre l'Allemagne. On la voit plutôt privilégier le débarquement de 1944 et l'arrivée de 150 000 Américains en face d'une armée allemande déjà laminée à l'Est par des dizaines de divisions et des millions de soldats.

Nos grands succès en Russie ont toujours été liés à une politique volontariste et indépendante. Aujourd'hui, nos relations nous sont dictées. Je me souviens d'un 9 mai, soixante-dixième anniversaire de la fin de la dernière guerre pour les Russes, et où le président de l'époque choisit d'aller voir Castro dans son EHPAD plutôt que de répondre à l'invitation russe parce qu'il s'estimait lié par les anathèmes lancés par les États-Unis et l'Union européenne dont nous sommes pourtant la première puissance militaire. Voilà un geste incompréhensible pour qui connaît un peu l'histoire et qui rabote la francophilie de ce pays. Dans le même temps s'est développée en France une propagande anti-russe dont nous ne retrouvons l'équivalent que dans les années Kennedy.

L'épisode de la visite d'un président français en Russie et de son altercation avec le président Poutine est dans toutes les mémoires. Pour effacer l'incident, on l'avait mis sur le compte d'une consommation exagérée de vodka par le Français. Plus tard, la vidéo de la scène a montré l'arrogance incroyable avec laquelle il avait provoqué le président russe, et comment il avait été remis à sa place.

En 2020, entraînée par des politiciens hypnotisés par les États-Unis et leur politique de *containment*, la France a piètre allure à Moscou. Les supermarchés sont vides de produits français. Les rues sont le royaume des automobiles allemandes et japonaises. L'électronique est chinoise. Dans les usines, les machines sont tout sauf françaises.

En moins de vingt ans, le charme français s'est évanoui et l'économie a suivi. Ce qui n'empêche pas les Russes de mettre la France en tête de la liste des pays à visiter et les livres d'Alexandre Dumas et Jules Verne dans la liste des best-sellers.

Est-ce à dire que nous devrions rayer le pays le plus étendu de la planète de nos perspectives économiques et nous contenter de payer chaque semaine le gaz importé ?

Hélas, la proximité avec les Allemands, d'un côté, et celle avec les Japonais, de l'autre, ont montré aux Russes les limites du génie industriel français. Le comportement velléitaire de nos compatriotes, à la longue, les a déçus et les entrepreneurs et dirigeants d'unités de production ont peu apprécié les errements de très grands groupes français qui ont scié la branche sur laquelle ils étaient perchés. Il serait cruel de lancer des noms, mais j'en ai vécu suffisamment pour avoir, avec le temps, désespéré de travailler avec l'industrie française. En trois ans, la communauté française en Russie a diminué de 25 %.

Notre principal partenaire et concurrent, l'Allemagne, a retrouvé, en cinquante ans, une place que son agression de 1942 n'aurait jamais dû lui donner. Tous ces dirigeants et ingénieurs russes qui traversaient Paris à pied en sifflotant nos chansons françaises sont allés à Francfort et Hanovre en s'excusant presque. Aucune sympathie ne les y attire et la réciproque est vraie. Les Allemands n'ont guère changé d'avis sur la Russie depuis la fin de la guerre. Mais ils fonctionnent selon le principe de réalité et donnent la priorité à leurs intérêts économiques. Peu leur importe que les Russes d'Ukraine fassent sécession. Leur opinion sur les Ukrainiens n'a jamais changé : des Polonais, en pire. Le cœur de leur marché reste la Russie et ils partagent le gâteau avec les Japonais et les Chinois. En une cinquantaine d'années, ils ont mis en place des structures commerciales faites pour durer, contrairement aux Français, qui, à trois ou quatre brillantes exceptions près, n'ont établi que des têtes de pont défendues par des voltigeurs. La désintégration de l'industrie française au profit de l'Allemagne a été un facteur d'accélération de notre désengagement. Les performances de la distribution et des industries du luxe n'ont pas été suffisantes pour compenser la perte des grands chantiers français de l'ère Brejnev.

Sans *realpolitik* en Russie, de partenaire stratégique, nous sommes devenus partenaire subalterne, condamnés à le rester tant que l'idéologie américaine dominera à Paris. L'Allemagne, elle, qui aurait pourtant dû écouter la voix de son maître, s'en garde bien, et cette politique indépendante a porté ses fruits. Moscou a même oublié l'annexion de l'Allemagne de l'Est. C'est pourtant autre chose que l'annexion d'une Crimée qui n'était ukrainienne depuis 1954 que par la seule volonté d'un Nikita Khrouchtchev ukrainien voulant se faire pardonner les massacres de 1937, sans qu'il n'y ait jamais eu de consultation de la population. L'Allemagne n'est pas boycottée par la Russie. Elle garde même silencieusement sa stratégie européenne dans laquelle la Russie est le plan B en cas d'éclatement de l'Union européenne.

Sans aller jusque-là, Paris devrait prendre ses distances par rapport à Washington et retrouver l'autonomie qu'elle avait dans les années 1970, quand les grands contrats avec l'URSS participaient à la renaissance industrielle de l'ère Brejnev. La rupture de 1981, due à l'élection d'une majorité socialo-communiste à Paris, qui, paradoxalement, s'est alignée sur Washington pour démontrer son indépendance vis-à-vis des communistes, n'a jamais été réparée. Les exemples cités plus haut se sont produits avec un président de droite et un président de gauche, révélant aux Russes une étrange unanimité française. Ils n'en sont pas encore revenus.

La France a, de tout temps, été le pays le plus sensible à l'idéologie, bien que cela lui ait joué de bien mauvais tours. Nous n'avons jamais été aussi éloignés du principe de réalité. Tout aujourd'hui en France est vu à l'aune des jugements définitifs de ce que l'on appelle, selon les termes américains, le « politiquement correct », sorte d'unanimisme artificiel créé par les réseaux sociaux et les médias. La surinformation crée de la désinformation, chacun n'écoutant que celui qui parle le plus fort sur des réseaux sociaux qui sont au service de la puissance dominante. Ceci étant valable aussi bien pour l'élite des dirigeants que pour la plèbe, qu'elle soit riche ou pauvre.

C'est ainsi que l'image de la Russie en France est au plus bas, que ce soit dans les domaines sociaux, militaires, économiques ou géostratégiques. La russophobie s'étale au grand jour dans les propos de nos dirigeants et rien n'est épargné. Les rares Français qui y travaillent encore sont l'objet de railleries ou pire. La Russie n'est plus la Russie, mais « la Russie de Poutine ». J'en sais quelque chose ! La réciproque n'est pas vraie et les Russes accueillent les Français comme ils l'ont toujours fait. Ils sont simplement un peu narquois en nous faisant remarquer que nos grandes gesticulations, qui n'ont aucun effet, les privent du plaisir de manger et de boire français, ce qui est plutôt bon pour l'agriculture et l'industrie russes, mais qu'ils regrettent infiniment. Ce que nous leur reprochons en termes d'impérialisme en Ukraine et en Géorgie est mis sur le compte du naufrage de l'Union soviétique où il a fallu d'abord veiller à ce qu'il n'y ait pas de guerres civiles. Cette priorité, qui a été une réussite, a masqué des problèmes ethniques et territoriaux marginaux qui ont ressurgi. Mais, me disent-ils, Madame May n'a-t-elle pas oublié, dans sa précipitation à quitter l'Europe, que le Royaume « uni » avait une frontière terrestre, au risque d'une guerre civile ?

Aujourd'hui, nous avons plus besoin du marché russe que la Russie n'a besoin du marché français. Nous sommes et resterons un client captif du gaz, ce qui suffit à la Russie.

Elle trouve tout ce dont elle a besoin n'importe où dans le monde : l'embargo français est quasiment indétectable. Celui qu'elle nous impose a des conséquences importantes pour l'agriculture française. Il s'agit d'une lutte inégale entre un nain et un géant, et nous ne sommes pas David !

Suivons déjà l'exemple allemand : pas de provocation, pas de leçons de démocratie. Laissons cela aux États-Unis qui n'ont aucun besoin de la Russie, si ce n'est en guise de punching-ball. Alignons-nous, dans nos comportements politiques, sur ceux que nous adoptons envers des pays comme la Chine ou l'Arabie saoudite avec lesquels nous nous gardons bien de mots déplacés parce que nous avons besoin d'eux.

À partir de là, il suffirait de peu de choses pour remettre la France en selle. La distribution et le luxe font déjà le maximum. La révision des choix stratégiques de ce qui nous reste d'industrie aurait des effets immédiats. L'accompagnement par nos structures financières locales, actuellement sous-employées, viendrait très naturellement. Les banquiers français n'attendent que ça.

Nous nous plaisons à constater le *soft power* de la France, extrêmement présent en Russie, mais nous avons oublié comment le convertir en *hard*.

Il suffirait de peu de choses pour le rétablir.

Ce peu de choses s'appelle le respect.

Printed in Poland
by Amazon Fulfillment
Poland Sp. z o.o., Wrocław

87964825R00155